下一波全球新貨幣
黃金

詹姆斯・瑞卡茲——著
吳國卿——譯

The New Case for Gold

by James Rickards

獻給我母親莎莉・瑞卡茲（Sally Rickards）
她教導我比黃金更寶貴的東西——愛

十二扇門是十二顆珍珠，每扇門是一顆珍珠。
城內的街道是精金，好像明透的玻璃。
——啟示錄21章21節

下一波全球新貨幣：黃金

目次

推薦文

善用黃金，打造黃金人生！

楊天立《黃金再起：投資黃金，絕對優勢》《第一次買黃金就賺錢》作者

黃金到底是什麼？有什麼用處？在資產中配置黃金，究竟是一種個人的偏執，抑或是一種務實的做法？在眾多討論黃金的說法中，很樂見有一本能縱橫時間與各種觀點來探討黃金的大作問世！

提到黃金，幾乎每個人都能說出一套看法，尤其較為資深的投資人，可以娓娓道來許多可歌可泣的故事。從早年的戰亂、通貨膨脹，到一九七〇年代的石油危機與國際地緣事件，當時瘋狂搶購一錢三千多元台幣的黃金，其後套牢二十多年，縱使在二〇一一年漲到一錢五千多元，算算利息和通貨膨脹，仍舊沒有回本；更近一些的則是金價在十年大多頭後，自二〇一三年起的大跌，讓許多人損失慘重，從此再也不敢碰黃金，乃至一口咬定黃金無用，連帶認為二

○一五年底起的金價上漲可能只是跌深反彈，川普的「美國再度偉大」論調，更將讓黃金變爛銅！當然，更別提這些年白銀給很多投資人刻骨銘心的經驗！

也因此，現在臺灣許多人談到黃金，幾乎就是聚焦在短期價格的漲跌，甚至讓人感覺黃金之於不少的投資人，不過是一檔股票，是一種純粹的金融商品。由庶民到主管機關，都將黃金當作如股票、衍生性商品般的風險性資產，而許多推出黃金相關商品的金融機構，觀念與態度也相去不遠。簡單的說，在持有黃金的思維和策略上，只不過是眾多金融投資的選擇之一罷了！

本書作者瑞卡茲聚焦於「實體黃金」，而非多數人所熟悉的紙黃金或是相關衍生出的商品，並討論實體黃金與其他黃金商品的不同，試圖點出實體黃金做為一種貨幣的基礎與特點，也凸顯金融性黃金商品乃至於法幣、股票、債券等風險性資產的缺陷。書中一開始先由反對持有黃金的多項說法切入，提出論證、澄清，或是指出這些說法背後反而可能是支持實體黃金的意涵；再由各種角度探討實體黃金實在是一種貨幣，而非一種投資、商品（commodities）、風險性資產，而且本來就不應該有報酬，這種特性，是做為貨幣的重要特質。由此也橫跨時空地論及金本位的過程與結束、美元本位的過去與現在、數位貨幣的發展，以及面對這樣的貨幣環境下，「新的遊戲規則」會帶來什麼樣的挑戰！

作者也提到了，目前金融體系再發生泡沫與系統性風險的可能，以及主權債務的壓力並未減輕或遠離。至於很少讓人放在心上通膨或通縮的隱憂，作者也提出了透過調整黃金價格，有效因應的可行性。當然，對於過去幾年的金價下跌背後操作的臆測，也略有著墨。綜而言之，黃金做為一種「誠實貨幣」，或許是各種風險最後防線的有效選擇之一，作者也提出回到金本位並非不可能或難以施行，也暗指現下全球「影子金本位」隱然成形，在新遊戲規則下，實體黃金或許是大國手中的籌碼之一。

您或許會將作者視為狂熱的黃金擁護者，其實，作者的論點並非完全創新，多是存在了很久，也被探討了很多，但其認真、多面向的討論值得尊重與深思。利用作者所提供的視角與平台，試著去思考，在當今的世界局勢中，您的財富在面臨重大變動或系統性風險時，所需要的「保險」在哪裡？應該是本書的貢獻之一。

個人任職金融業三十多年，相當長的期間從事交易、分析、商品開發等相關工作，廣泛地接觸各類金融商品與投資人，經歷過市場的起伏，惟自認並非實體黃金的忠實信徒或狂熱粉絲，但也認同黃金在相當程度上的保險功能。因而多年來推廣黃金的三層配置——「防禦、避險、投資」。「防禦」指運用實體黃金做為財富的最後一道防線，這道保險最好要有，但比例則視個人的風險認知而定；「避險」是將黃金納入投資組合，以分散其他風險性資產的變動，這一層可將實體與非實體黃金相互搭配，占組合的比例視風險性投資與市場狀況動態調整，但可以四％到六％做為基礎，以上兩層都是發揮黃金不同的保險功能；最後，才以黃金「投資」做為純粹賺取價差的工具，這一層的商品種類搭配與比例就因人而異了。

黃金到底是什麼？有什麼用處？市場無專家，處於當前與未來可能的大環境，阿公、阿嬤的做法，或是當今純粹金融商品、風險性資產的看法，都可能是有些過與不及。但好好的了解市場、黃金與自己，或許就可以像我常送給朋友的祝福：「善用黃金，打造黃金人生！」。

| 前言 |

買進黃金的「新」理由

把黃金放在21世紀背景下討論：

1. 黃金在網路金融戰爭中的角色，

2. 黃金在對伊朗這類國家經濟制裁的重要性，

3. 黃金未來將成為IMF所發行、

號稱為世界貨幣之特別提款權的競爭者。

「黃金，是野蠻的遺跡。」你聽過多少次有人這麼說？如果你和我一樣寫作和公開談論黃金，你肯定聽過一千遍了。這是那些完全相信紙幣、對黃金沒有信心的人琅琅上口的部分說詞。只要有人說黃金的好話，換來的就是這種篤信法幣（fiat）的機械式回答。

反黃金的反射式反應是跨越世代的。老一代的反黃金者有許多成長於傅利曼（Milton Friedman）等著名黃金攻擊者崛起的年代；而且多是受過高等教育的博士，包括克魯曼（Paul Krugman）、艾肯格林（Barry Eichengreen）、羅比尼（Nouriel Roubini）、費德斯坦（Martin Feldstein）等，涵蓋從左到右的意識形態光譜傾向的學者。傅利曼提出的其他理論大多已經過時（浮動匯率證明並不理想，而貨幣流通速度也不穩定），但這並未絲毫影響他的信徒對黃金的看法。

現今這個較年輕的世代，又有許多人加入這些反黃金巨人的陣營，他們受到（錯誤的）教育，而相信黃金在貨幣體系沒有立足之地。這群人包括著名的部落客和評論家，例如：利索茲（Barry Ritholtz）、歐布里恩（Matt O'Brien）、麥多維（Dagen McDowell）和韋森索（Joe Weisenthal）。反黃金派不在乎你是否戴金戒指或金表，但當你透露你真的擁有黃金時，他們會以帶著憐憫的高傲表情看著你。不但如此，要是有人只是提到金本位，就會讓他們勃然大怒。「那太超過了！」他們像上膛的卡賓槍，隨時準備射出連發的辯證，告訴你為什麼金本位行不通，過去、現在和未來都如此，而且用「化石」、「尼安德」（Neandertal）等形容詞來形容你。

《下一波全球新貨幣：黃金》這本書討論的是「黃金即貨幣」，以黃金做為貨幣本位是可行、甚至理想的制度，以及在缺少法定金本位的情況下，人們應該遵循個人的金本位，藉由購買黃金來保護財富。

當我決心為黃金洗刷汙名時，令我稍感安慰的是，我不是唯一相信黃金的人。與新世代黃金懷疑者一起成長的人當中，有一批聰明、深思熟慮的新世代黃金支持者，這些「新秀」包括維也納的史托弗烈（Ronni Stoeferle）和沃里克（Mark Valek），雪梨的艾里梭（Jordan Elieso）和辛普森（Janie Simpson），倫敦的史科耶斯（Jan Skoyles），荷蘭的簡森（Koos Jansen, 本名 Jan Nieuwenhuijs），和溫哥華的泰勒（Diane Taylor）。

但是，在為黃金平反前，我們最好還是先拆解一下反對黃金的論證。下次反黃金者以反射式回答來辯論時，你將知道如何以事實來反駁，而非老生常談的說法。

反對黃金的理由有哪些？批評者對它們知之甚詳，以下是具體的指控：

一、凱因斯（John Maynard Keynes）說，黃金是「野蠻的遺跡」（barbarous relic）。
二、黃金的數量不足以支撐金融和商務。
三、黃金供給成長速度不夠快，無法支持世界的成長。
四、黃金造成大蕭條（Great Depression）。
五、黃金不能創造收益。
六、黃金沒有內在價值（intrinsic value）。

這些說法都已過時且錯誤，或者很諷刺的，反而是支持黃金的論證。但這並未阻止那些法幣理論家堅持這些主張。讓我們一一解剖這些說法。

凱因斯所說的黃金是「野蠻的遺跡」

這一點很容易反駁，因為凱因斯從未這麼說過。

他真正說的話更有意思，在他的著作《貨幣改革論》（*Monetary Reform*）中，凱因斯寫道：「事實上，金本位已是一種野蠻的遺跡。」凱因斯談的並非黃金，而是「金本位」。在一九二四年的時代環境下，他的說法是正確的。從一九二二年到一九三九年間，被採用的金匯兌本位制（gold exchange standard）有嚴重的缺陷，原本就不應該實施，在它因第二次世界大戰爆發而告終之前，早就應該放棄。

凱因斯以「務實」著稱，一九一四年七月第一次世界大戰開始前，凱因斯是倡導繼續採用從一八七〇年就已存在的古典金本位制最力的人士。當時大部分參戰的國家很快就放棄金本位，以便用它們保留的黃金提供戰爭費用。英格蘭銀行也想這麼做。

事實上，凱因斯力排眾議，主張可供作貨幣的黃金有限，但信用卻極具彈性。如果能維持金本位以及倫敦扮演全球金融中心的角色，英國的信用將得以提升。倫敦可以借貸戰爭所需的經費。

這正是當時發生的情況。紐約的摩根家族，為英國安排龐大的貸款，對德國和奧地利則不提供借貸。這項融資，對英國持續抗戰直到美國在一九一七年參戰極其重要。次年英國終於戰勝。

一九二五年，財務大臣邱吉爾（Winston Churchill），考慮以英國戰前的金平價恢復實施金本位，凱因斯告訴邱吉爾，那將帶來一場通貨緊縮災難。凱因斯不支持金本位，不過，他堅持如果英國要實施金本位，必須慎重決定適當的價格。凱因斯建議應大幅提高黃金價格。邱吉爾未理會凱因斯的建議，結果是英倫三島陷入嚴重的通縮和蕭條，而且是發生在大蕭條打擊世界其他國家之前幾年。

凱因斯去世之前不久的一九四四年七月，他在布列敦森林（Bretton

Woods）會議主張：採用一種新形式的世界貨幣，稱之為班克爾（bancor），理論上就是現今的特別提款權（special drawing right, SDR）的前身。班克爾以一籃子商品做擔保，其中包括黃金。它並非嚴格的金本位，但賦予黃金在貨幣體系中一個重要的地位。凱因斯的計畫被束諸高閣，各國轉而支持美國提議的美元─黃金本位制，並從一九四四年持續採用到一九七一年。

換言之，凱因斯在生涯早期是一位黃金的倡導者，生涯中期對黃金採取變通的立場，生涯後期又再度支持黃金。在中期，他恰如其分地批評有缺陷的金匯兌本位制。下一次有人對你吐出「野蠻的遺跡」這句話時，別忘了凱因斯對黃金精細的觀點。

黃金的數量不夠支撐金融和商務

雖然這種說法是無稽之談，我們還是要談它，因為這是法幣支持者最常主張的謬論。

全世界的黃金數量經常保持固定的水準，視金礦的開採增加多少而定。目前全球約有十七萬公噸黃金，其中三萬五千公噸由各國中央銀行、財政部和主權財富基金持有。這些黃金足夠在適當價格的金本位下，支持任何數量的世界金融和商務，價格則可藉由計算實體黃金對貨幣供給的單純比率來決定。

這種計算需要一些假設。哪些貨幣應包含在金本位中？多少貨幣供給（M0、M1等）應該用於這個目的？最適宜的黃金對貨幣比率為何？這些都是央行長期以來已提出不同答案的政策問題。

從一八一五年到一九一四年，英格蘭銀行成功地採取一種金本位，以二○%的黃金當作貨幣供給的準備。從一九一三年到一九六五年，美國聯邦準備理事會（Federal Reserve, Fed）按規定必須以四○%的黃金做為貨幣供給的準備。一般而言，人民對央行愈有信心，維持穩定金本位所需的黃金數量就愈少。

我們可以根據每一套假設，計算隱含的黃金價格。舉例而言，如果美國、歐元區和中國同意一種以M1為貨幣供給、四○%黃金做為準備的金本位制，隱含黃金價格將是每盎司一萬美元。如果美、歐、中採用以M2為貨幣供給、一〇〇%黃金做為準備的金本位，隱含黃金價格將是約每盎司五萬美元。

以每盎司一千一百美元定價的金本位，可能極具通縮性（如果貨幣供給必須減少時），或者極為不穩定（如果民眾爭先恐後向政府購買低價黃金時）。

對這種批評的簡單回答是：永遠有足夠的黃金可採用金本位，只要我們訂出穩定、不具通縮性的價格。

當批評者說「黃金數量不夠」時，他們真正的意思是，以目前的價格，黃金的數量不夠。這並不是反對金本位，而只是反對誠實地面對紙幣相對於實體黃金的真正價值。當紙幣價值遭到侵蝕，而金本位被視為恢復經濟體系信心的方法時，人們才會誠實地面對這個問題。

黃金供給速度不夠快到足以支持世界成長

這是另一個透露出對金本位如何運作缺乏了解的謠傳。

提出這種說法的批評者，未能區分官方黃金庫存與總黃金數量的不同。官方黃金庫存是由政府擁有，可用來支持貨幣供給。總黃金數量包括官方庫存、加上民間持有的黃金，例如，金塊或裝飾用途的黃金首飾。

如果政府想增加官方的黃金供給以支持貨幣擴張，只要印製鈔票，並在公開市場收購民間黃金。新開採的黃金多寡無關緊要，必要時官方的黃金供給可以藉由收購民間黃金而倍增，而且這對全世界的總黃金量沒有絲毫影響。官方黃金只占總黃金庫存約二〇%，因此政府有很大的收購黃金餘裕。

在金本位制度下，印製鈔票來收購黃金，只是公開市場操作的形式之一，與印製鈔票來收購債券沒有兩樣，而後者是聯準會每日例行的操作。當然，印鈔票買黃金會影響市場，且不加節制的貨幣政策可能鑄成大錯。這個道理同樣適用於金本位或非金本位制度。不管如何，金礦產量多寡，並不影響金本位制下央行擴張信用的能力。

更重要的是，想想從二〇〇九年到二〇一四年的平均年成長率（見下頁表格）哪一個成長率是異常值（outlier）？

全球GDP成長確實比新黃金生產還高。如果這是唯一的影響因素（實

全球國內生產毛額（GDP）	**2.9%**
世界人口	**1.2%**
黃金生產	**1.6%**
聯準會貨幣基數	**22.5%**

際上不是），世界的實質成長率將仍然能夠達成其最大的成長潛力（除非受限於非貨幣性的結構阻礙），而名目價格將呈現略微的通縮傾向。輕微的通縮對消費者和儲蓄者有利。

金本位沒有理由，不能與自由裁量性貨幣政策（discretionalry moneytary policy）並存。黃金與央行貨幣的結合，從一八一五年到一九七一年期間是常態，只有戰爭期間除外。即便在金本位下，央行也是扮演最終放款人的角色，並且視情況擴張和緊縮貨幣供給。事實上，黃金的主要目的在於：根據金塊的流進和流出，提供貨幣政策是否適宜的訊號。

當批評者說，黃金產量不足以支持世界成長時，他們真正的意思是：黃金產量無法支持通貨膨脹性的世界成長。這是正確的。通貨膨脹把財富從富人轉移給窮人，從儲蓄者轉移給負債者，以及從人民轉移給政府。通貨膨脹是社會主義者和革新主義者（progressives）偏好的政策，他們喜歡所得重分配。以黃金產量反對黃金，並不是因為它會阻礙成長，而是它會阻礙竊盜。

黃金導致大蕭條

事實上，大蕭條的原因是：美國聯準會從一九二七年到一九三一年間，採用無能的自由裁量性貨幣政策，這個事實早已記錄在一長串貨幣學者的研究中，包括施瓦茨（Anna Schwartz）、傅利曼和晚近的柏南克（Ben Bernanke）。

又因為胡佛（Herbert Hoover）和小羅斯福（Franklin Roosevelt）採取的實驗性干預政策，導致大蕭條拖延更久。這些實驗造成學者金德伯格（Charles Kindleberger）所稱的「體制不確定性」，使得大企業和富裕的個人因為法規、稅負和勞動政策成本的不確定，而拒絕投資。資本退場觀望，成長隨之委靡不振。

柏南克自己的研究顯示，大蕭條期間貨幣供給從未受到黃金供給的抑制。當時的法律，允許聯準會創造的貨幣多達聯準會所持有黃金價值的二五〇%。實際的貨幣供給從未超過黃金價值的一〇〇%。當時貨幣供給成長的問題不在於黃金，而是顧客不想借款，而且銀行也不想放款。出問題的是：銀行的信用和顧客的信心，而不是黃金。

在國際層面，美國經濟學家艾肯格林已指出，貶低貨幣兌換黃金價值的國家（例如，一九二五年的法國、一九三一年的英國、一九三三年的美國，以及一九三六年的英國和法國），紛紛透過提振出口而立即獲得經濟利益。貶值貨幣的國家確實獲得短期利益，但世界並未得到好處。一九二五年法國的受益來自英國的受害。一九三一年英國的受益來自美國的受害。一九三三年美國的受益則由英、法兩國付出代價。

艾肯格林原本很高明的學術論文，犯了凱因斯所稱的「合成謬誤」（fallacy of composition），也就是說，對個人好的事，未必對個人的群體好。在坐滿聽眾的搖滾音樂會，一個人站在椅子上可能有較好的視野，但如果每個人都站在椅子上，那麼幾乎所有人都將看不到表演。

從一九二五年到一九三六年，貨幣兌黃金貶值的順序，我們看到惡名昭彰的「以鄰為壑」式貨幣戰爭。問題的關鍵出在一九二五年，英國決定根據戰前的平價四．二五英鎊兌一盎司黃金，恢復金本位制。由於英國在一九一四年到一九二五年間，已增加貨幣供給一倍，主要用於支應戰爭經費，恢復昔日的平價，意謂貨幣供給必須減少一半。因此這種政策極具通縮性。過度高估的英鎊，在一九二五年到一九三一年間，提供法國貿易優勢，直到英國終於打破舊平價。一九三一年的貶值給了英國貿易優勢，尤其是對美國，直到一九三三年美國也打破舊平價。

黃金並未導致大蕭條，真正的禍首是政治考量的金價計算，以及無能的自由裁量性貨幣政策。

對運作健全的金本位來說，黃金不會出現低估的情況（像一九二五年的英國，和現今的全世界）。當金價被低估時，央行的貨幣處於高估狀態，結果造成通貨緊縮。只要政府根據分析而非根據政治考量來制訂金價，金本位就能健全運作。

黃金沒有收益

這句話是事實，是支持黃金最有力的一個論據。

黃金無法創造收益或報酬，因為它本來就不應該如此。

黃金是貨幣，而貨幣原本就沒有收益，因為它沒有風險。貨幣可以當作交易的媒介、價值的儲存工具，和會計的單位，但真正的貨幣不是一種風險資產。

要說明這個簡單卻難以領會的道理，只要看一張一美元的鈔票。它是貨幣嗎？是的，它是。它有收益嗎？沒有。

收益來自把那一美元存放在銀行。但存入銀行的錢已不再是貨幣；它是銀行存款。（聯準會對銀行存款的定義是「貨幣供給」的一部分，那是因為聯準會的工作是支撐貨幣的幻覺。）

銀行存款不是貨幣；它是銀行的無擔保負債（unsecured liability）。如果不是政府採取擴大存款保險、擔保貨幣市場基金、零利率、量化寬鬆與外國央行簽訂換匯協議，和從事其他貨幣操作等紓困措施，美國的大銀行可能倒閉。二〇一三年賽普勒斯和二〇一五年希臘的銀行存款人，從銀行存款與貨幣的不同學習到一個痛苦的教訓。兩國的銀行都關門，自動提款機停擺，紙鈔很快供應短缺。在賽普勒斯，部分存款人被迫把存款轉變成銀行股票。在希臘，信用卡無法處理，以物易物的經濟很快就興起。

你也可以從買股票、債券、房地產或其他非貨幣資產獲得收益。不過，買這些資產有風險。雖然許多投資人把股票、債券和房地產視為錢，它們實際上是風險資產，正如銀行存款也是。

金幣、美鈔和比特幣（Bitcoin）是三種形式的貨幣；一種是金屬，一種是紙，一種是數位。它們都沒有收益，而且理應如此——它們是貨幣。

黃金沒有內在價值

當記者或部落客抨擊你支持黃金，說黃金沒有「內在價值」時，你應該稱讚他對馬克思的經濟學有深入了解。

內在價值理論，是一八一一年李嘉圖（David Ricardo）率先提出勞動價值論（labor theory of value）的延伸，該理論後來在《共產黨宣言》（一八四八年）和《資本論》（一八六七年、一八八五年、一八九四年）被馬克思（Karl Marx）採用，其他著作也經常提到。它的概念是，產品的價值來自投入生產的勞動和資本的結果。生產一種產品所需的勞動愈多，它就愈有「價值」。

馬克思對資本主義的主要批評是，資產階級資本家控制「生產手段」，並未支付勞工因他們增添價值所應得的酬勞。因此，資本家從勞工榨取「剩餘價值」。馬克思認為，這種藉由資本剝削勞工最終將導致極度的所得不平等，加深勞工間的階級意識，導致無產階級造反，推翻資本主義，並以社會主義制度取而代之。馬克思的分析建立在內在價值的基礎上。

這種對黃金的批評大有問題，因為以內在價值為基礎的經濟理論，從一八七一年後就不再被經濟學家認同。在那一年，維也納大學的門格爾（Carl Menger）提出主觀價值（subjective value）的概念，並成為後世所稱奧地利經濟學派的理論基礎。

主觀價值，是個人根據個人需求和渴望賦予產品的價值，這種價值完全獨立於任何由投入和生產因素所決定的內在價值之外。金礦開採商如果因為市場金價無法彌補生產成本而宣告破產，就證明內在價值完全無關宏旨。

黃金幾乎沒有工業價值，它適合當作貨幣，除此之外便沒有多少用處。金飾並非黃金的另一種用途。金飾可能很美觀，讓穿戴者很滿足，然而它是穿戴式財富——一種任何印度新娘都會開心同意的說法——因此是一種貨幣的形式，其作用是財富的儲存。在主觀價值論下，金價會隨著黃金對需要或渴望貨幣者的用處而變動。

任何已進步到超越克魯索（Robinson Crusoe）式單純製造，和基本農耕階段的交易經濟體，都需要貨幣。貨幣有許多形式，包括：黃金、美元、歐元、比特幣，以及在某些時期和地方採用的羽毛、貝殼和珠子。各式貨幣的價值，隨著經濟體中個人主觀的需求和渴望而改變。有些時期，美元可能很有用、黃金用處較少，而黃金的美元價格會隨著這種主觀價值而下跌。但另一些時期，對美元的信心可能滑落，而黃金的美元價格則大幅攀升。

黃金的「內在價值」已是過時的概念，正如門格爾一百四十五年前就已指出。現今任何以這個理由反對黃金的人，只是固執於老舊的馬克思經濟理論。

上述六種最普遍的反對以黃金做為貨幣的說法中，有五種從經驗、分析或歷史觀點看，是不正確的，只有一種——黃金沒有收益——正確，但它並非批評，而是本來就如此，而且與黃金是貨幣的觀點一致。

這並不表示以黃金做為貨幣沒有問題。每一種貨幣本位都有各自的問題。例如，創立一種新黃金本位將需要繁複的技術工作，以解決與其他貨幣的平價（parity）及維持這類平價的問題。這種工作將類似從一九九二年簽訂馬斯垂克條約（Maastricht Treaty），到一九九九年正式推出歐元期間，整合歐洲多種貨幣成為歐元的八年努力。

黃金批評者，應該提出實質的反對理由（如果他們有的話），而不是上述的托詞。

我們認為那些反對黃金的理由，實際上反而是支持黃金的理由。遺憾的是，一些最常聽到的支持黃金的理由，卻和反對黃金的理由一樣，陳舊和站不住腳。

例如，一些陰謀論者宣稱，諾克斯堡（Fort Knox）沒有儲藏任何黃金。真的嗎？如果黃金一如他們宣稱的那麼寶貴，美國政府為什麼要把黃金藏在看不到的地點？

事實上，美國的大部分黃金庫藏，安全無虞地放在肯塔基州的諾克斯堡，和紐約州的西點（West Point），另有遠為少量的黃金，則存放在丹佛鑄幣廠和紐約聯邦準備銀行。這些黃金，可能透過瑞士巴塞爾（Basel）的國際清算銀行（Bank for International Settlements）租賃給其他國家，但那並不表示，美國的黃金不在美國監護下。黃金租賃只是紙上交易，不須實體交付。

另一些黃金支持者宣稱，美國未審計其黃金儲備，證明黃金未儲藏在國內。事實上，這恰好是相反的證明。美國政府有強烈的誘因，必須淡化黃金的重要性。政府甚至希望民眾忘記黃金的存在，（雖然政府儲藏的黃金超過八千公噸）。同樣重要的是，政府的審計僅限重要資產，省略無關緊要的項目。因此，政府藉由拒絕審計，假裝黃金無關緊要。審計代表看重黃金的價值——這是政府避之唯恐不及的事。

本書的英文書名為*The New Case for Gold*，強調的是「新」字。我們的目標不是複習同樣的舊論調，而是把黃金放在二十一世紀的背景下討論，這包括：黃金在網路金融戰爭中的角色、黃金在對伊朗這類國家經濟制裁的重要性，以及黃金未來將成為國際貨幣基金（International Monetary Fund, IMF）所發行，號稱為世界貨幣之特別提款權的競爭者。

現在，讓我們把黃金批評者和心存偏見的陰謀論者擺在一邊，出發去探討黃金在現今高度互動的數位世界裡的重要性。這將是一段極為有趣的旅程。

| 第一章 |

黃金和聯準會

失業、勞工不安定的生活、
對期待的失望、突然喪失儲蓄、
發橫財的個人、投機者、
牟取暴利的奸商——
大部分都因價值標準的不穩定而產生。

——凱因斯，《貨幣改革論》（*Monetary Reform*, 1924）

聯準會（Fed）破產了嗎？聯準會，這個簡稱指的是整個聯邦準備體系，包含十二個各地區由民間銀行擁有的地區聯邦準備銀行。這裡的「破產」指的是已無法償債——負債遠超過資產，使淨值成為負值。暫且不談定義，這裡的問題是：聯準會破產了嗎？

我曾經有機會與聯準會的理事會成員、地區聯邦準備銀行總裁、資深聯準會幕僚，和總統候選人等人士，討論這個問題。我得到的答案是「沒有」、「是的」、「也許」。

從表面上看，聯準會並沒有破產。在寫作本書時，聯準會的資產負債表顯示：總資產約四兆四千九百億美元，總負債約四兆四千五百億美元，總資本約四百億美元（資產減去負債）。但是，聯準會極依賴槓桿（約一一四比一）。當然，槓桿會放大資本帳盈虧的影響。聯準會的資產只要虧損一％，就會吃掉所有資本。在正常的股票和債券市場中，下跌一％是常見的事。聯準會的資產負債表槓桿極高，且僅勉強維持技術上的未破產狀態。

這引導我們到「依市價計值」（mark-to-market）的概念。顧名思義，依市值計值表示根據可得的最佳資訊，以目前的市場來為各項資產計算價值。避險基金和證券交易商每天都在這麼做，雖然他們只是定期報告計算結果。銀行的部分資產負債表也依市價計值；換言之，有些資產依市價計值，有些則否，視資產是為交易而持有或長期投資而定。

聯準會的會計，不使用依市價計值，但如果使用，會是何種情形？那會讓聯準會破產嗎？答案必須深入探究聯準會資產負債表的細節才知道。

短期工具如九十天期美國公債（國庫券）的價格很少變動，即使依市價計值，它們的波動性不足以對聯準會是否破產造成重大影響。但十年期和三十年期公債情況不同，兩種工具波動都很劇烈。事實上，其波動性（技術上稱作「存續期間」〔duration〕）在利率低時會升高。當然，過去六年來利率處於歷來最低水準，所以這些工具的市值，特別容易出現大幅波動。

聯準會的資產負債表，把美國公債——國庫券和長期公債——歸在單一類別，迄寫作本書時的持有價值約二兆三千億美元。然後聯準會再細分各地區聯邦準備銀行持有的公債。整個聯準會體系持有的二兆三千億美元公債中，紐約聯準銀行帳冊中持有一兆四千八百億美元。這很合理，因為紐約聯準銀行負責為整個體系公開操作，且各輪量化寬鬆計畫（quantitative easing, QE）的公債主要買家，都是紐約聯準銀行。因此，紐約聯準銀行也提供體系公開市場帳（System Open Market Account, SOMA）持有的所有美國公債的詳細清單。利用這項持有公債的詳細資訊、每日行情走勢，以及常見的計算方法，就可能算出聯準會資產負債表這部分的市值。

紐約聯準銀行的資料顯示，聯準會在QE2和QE3量化寬鬆的尖峰期間，大量買進波動性很高的十年期公債。在QE2，收購的期間是從二〇一〇年十一月到二〇一一年六月；在QE3，收購期間則從二〇一二年九月到二〇一四年十月。

單憑這項資料，聯準會在二〇一三年六月到十二月的某些時候，依市價計值已呈現技術上的破產。在這段期間，十年期公債的到期殖利率（yield to maturity）約為三%。聯準會購買的十年期公債，大部分的殖利率為一．五%到二．五%，因此殖利率從一．五%回升到三%，意謂聯準會投資組合的這部分，產生龐大的依市價計值的損失——大到足以吃光當時僅有六百億美元的緩衝資本。

二〇一三年一月底，正當殖利率要開始飆升時，我在柯羅拉多州韋爾（Vail）一個朋友家晚餐，同席的還有一位退出聯準會理事會不久的客人，他在QE1和QE2量化寬鬆以及QE3初期時，擔任聯準會理事。我不善於迂迴打探敏感話題，所以在一輪客套寒暄後，我對那位前理事說：

「看起來聯準會已經破產了。」

那位理事顯得有點吃驚地說：「不，我們沒有破產。」

我解釋：「技術上是沒破產，但就依市價計值來說似乎如此。」

那位理事說：「沒有人這樣計算過。」

我回答：「我計算過，而且我想其他人也計算過。」

我直視那位理事，感覺到一絲退縮的神情。

他回答：「這個嘛，也許。」然後停頓一下說：「如果聯準會破產，也無所謂；央行不需要資本。全世界有許多央行沒有資本。」

我說：「我了解你的觀點，理事。央行技術上不需要任何資本，不過，美國人可能會大吃一驚。我相信聯準會有沒有破產，會是二〇一六年總統大選的議題之一。」

這時候，我看到我們的晚餐主人愈來愈侷促不安，所以談話很快轉到較融洽的話題，例如：葡萄酒和滑雪。

我想談的不只是技術性的會計方法和央行理論，而是**整個聯準會和美元的體系正面臨一個基石崩垮的考驗——信心**。

只要信心能夠維繫，印製鈔票就能持續。一旦信心崩垮，不管印多少鈔票都無法挽回。我擔心的是：聯準會受到麻省理工學院訓練的量化派學者與博士影響如此深，以至於政策制訂者迷失在種種模型中，遺忘了美國人的精神和對聯準會的殷殷寄盼。

二〇一五年初，我在曼哈頓中城與另一位聯準會官員私下晚餐，這一次不是理事，而是柏南克和葉倫（Janet Yellen）欽點、專門處理聯準會政策溝通的學界專家。他不是出身公關專家，也非公眾熟知的人物，卻是華盛頓特區憲法大道聯準會總部、從柏南克到葉倫各辦公室消息最靈通的人士（後來我與柏南克談話時，柏南克本人向我證實這件事）。

我再度提出依市價計值聯準會破產的話題，當時十年期公債殖利率已跌回二%以下，許多二〇一〇年到二〇一三年購買的十年期公債波動已減緩，因為存續期間只剩五到七年。（存續期間只剩五年的十年期公債，在交易時與五年期公債的存續期間和波動性相當）。看起來當時聯準會已收復依市價計值的虧損，可能處於未破產狀態。儘管如此，我追究這個話題是因為利率可能再度上升，造成新的市值虧損。我感興趣的是信心這個問題。

這一次的回應已經不再像我在韋爾得到的那樣閃爍其詞。事實上，我朋友斬釘截鐵地說：「我們沒有破產，而且從未破產。資產負債表上一目了然，你可以仔細看。」他特別提到二〇一三年中利率升高的那段期間，並且面不改色地說：「我們從未破產。」就是這樣。

由於做過公債投資組合的依市價計值，我的好奇心大起。我遺漏什麼了嗎？聯準會是否有一些可以彌補公債虧損的隱藏資產？顯然我的朋友有意引導我朝向這個方向想，但又不便說得太明。

我再度埋首聯準會的資產負債表，而且發現我追查的方向正確。事實上，答案就在資產負債表上的第一行，叫「黃金憑證帳」。截至寫本書時，記載在資產負債表的這個帳目有一百一十億美元，且依照聯準會慣用的會計方法，以歷史成本計值。如果和公債一樣，它也依市價計值呢？

要了解黃金憑證帳，必須回顧從一九一三年開始到一九三四年截止的時期。當聯準會一九一三年創立時，其民間擁有者為各地區的銀行，它們必須把黃金轉移給地區聯準銀行。這是實體黃金轉移到愈來愈少擁有者的開端，我們稍後會再回頭談這個主題。

在一九三四年，美國政府實際上等於沒收了聯準會的所有黃金，轉交給財政部。諾克斯堡興建於一九三七年，部分用於儲藏聯準會的黃金，部分用於儲藏一九三三年沒收自美國人民的黃金。

根據一九三四年的黃金準備法（Gold Reserve Act），美國財政部發給聯準會系統黃金憑證，一方面用以填補資產負債表的洞，一方面解決根據憲法第五修正案條款的問題：「……不給予公平賠償，私有財產不得充作公用。」財政部取得聯準會的黃金，但以黃金憑證的形式給予「公平賠償」。

這些黃金憑證上一次依市價計值是在一九七一年，價格為每盎司四二．二二二二美元。利用這個價格和聯準會資產負債表上的資訊，可以換算出約二億六千一百四十萬盎司黃金，相當於八千公噸多些。如果以每盎司一千二百美元計算價值，這些黃金價值約三千一百五十億美元。由於這些黃金記在聯準會資產負債表上，只有約一百一十億美元，依市價計值等於給了聯準會三千多億美元的隱藏資產。

在聯準會的資本帳上增加三千億美元，可把聯準會的槓桿從一一四比一，降到穩重得多的一三比一，相當於大多數資本充裕銀行的資本比率。這筆隱藏資產足以吸收萬一公債投資組合依市價計值發生的虧損，綽綽有餘。

同樣有趣的是，財政部持有的黃金數量約八千公噸，正好與聯準會資產負債表上記載的約八千公噸黃金的數量相等。美國的黃金供給，從一九五〇年的約二萬公噸，到一九八〇年減少到約八千公噸。減少的一萬二千公噸分成兩個階段；約一萬一千公噸，是因為一九五〇年到一九七一年間，外國貿易夥伴以美元贖回黃金而減少；另一千公噸，則是一九七一年到一九八〇年，在市場拋售黃金以平抑金價而減少。在一九八〇年，利用美國的實體黃金以壓抑金價的做法，突然被放棄，美國官方幾乎不再出售黃金。

這是不是因為財政部害怕，持有的黃金比理論上欠聯準會的黃金少？八千噸黃金是不是美國黃金儲備的下限，因為那是聯準會宣稱資產負債表持有的數量？如果是這樣，這層關係將十分重要，因為它代表美國再也不能在市場拋售黃金。美國只能鼓勵其他國家，如英國，拋售它們的黃金，或透過租賃來進行紙上黃金操作。財政部已沒有能力扮演黃金供給的來源。

技術上說，黃金憑證並未賦予聯準會向財政部要求實體黃金的權利。它們確實含有未明文規定的道德義務，萬一對聯準會印製的紙鈔信心崩潰時，財政部必須動用黃金來支持聯準會。這種以黃金支持聯準會的隱含義務，有另一個名稱，那就是金本位。

我的那位消息靈通的朋友說法很正確。如果只看聯準會依市價計值的證券投資組合，聯準會在二〇一三年一度短暫破產。但如果把聯準會隱藏的黃金資產納入考慮，聯準會從未破產過。

整個全球金融體系的信心完全仰仗美元，對美元的信心則繫乎聯準會的資產負債表。而聯準會是否破產卻仰賴黃金。這不是聯準會官員願意承認或公開討論的事。即使只是不經意提到黃金對聯準會償債能力的重要性，就可能引發黃金對貨幣比率及聯準會在一九七〇年留下的相關問題的辯論。這也就是各國央行和政府窖藏黃金、而社會大眾卻忽視黃金角色的原因。

| 第二章 |

黃金即貨幣

儘管政策制訂者和經濟學家抱持貶抑的態度，
黃金仍然是絕佳的財富儲存工具，
且持續在世界貨幣體系扮演不可或缺的角色。

人們對黃金著迷不是因為它金光閃閃，而是因為它是貨幣。了解這個事實，就是了解黃金的起點。

當然，世界上有許多種貨幣。有時候不同形式的貨幣彼此競爭，想扮演主要的全球準備貨幣。現今美元、歐元和比特幣都是貨幣的形式。黃金亦然。

貨幣是什麼？

貨幣的古典定義有三部分：交易的媒介、價值的儲存，以及會計的單位。如果符合這三種定義，你擁有的就是某種貨幣。如果你問經濟學家「貨幣是什麼？」他們立即的假設是，只有央行印製的法定貨幣才稱得上貨幣，然後他們會從技術面討論到M3、M2、M1或M0等狹義或廣義的不同種類貨幣供給。每一種「M」都比前一種狹義，最狹義的M0包含銀行準備金和貨幣。M0也稱為「基礎貨幣」（base money），因為它是貨幣經濟學家所知最狹義的一種。我稱黃金為「M-零下」（M-Subzero），因為即使經濟學家不承認，黃金是紙鈔貨幣供給背後真正的基礎貨幣。

為什麼是黃金？

黃金批評者會立即貶抑黃金，只是一種「閃亮的金屬」或一堆「石塊」，好像跟扮演貨幣的形式完全沾不上邊。即使是淵博的經濟學家如前聯準會主席柏南克，也曾形容美國持續儲藏黃金是一種「傳統」，完全不提它還有任何其他用處。

事實上，使用黃金當作貨幣不僅源自古代，而且極其務實。英國廣播公司世界廣播電台（BBC World Service）的羅拉特（Justin Rowlatt）最近訪問倫敦大學學院（University College London）化學教授席拉（Andrea Sella），請他深入評估元素週期表，解釋為什麼黃金在宇宙已知的所有原子結構中是獨一無二的，且很適合在實體世界中被用來當作貨幣。

我們都記得高中化學課讀過元素週期表，它看起來像一組堆疊的方格子，每一格代表一種元素，橫列約有十八格，直列有九格，邊緣是一些不規則形式的格子。氫（H）和氦（He）高居最上方的格子。每一格含有元素的名稱、一或二個字母的代表符號，以及原子量或原子質量和沸點等有用的資訊。總共一百一十八種元素以這種方式呈現，從氫（原子序為1）到ununoctium（暫時代表118號元素的名稱）。此處的重點在於，在已知宇宙中，沒有一種實體不是以這些元素或分子的結合構成的。如果你尋找的是貨幣，你也會從中找到它。

席拉教授熟練地引導我們遊歷一趟元素週期表之旅。他說明宇宙中大部分的物質完全不適合當作貨幣，然後縮小範圍到少數幾種適合的元素，並挑出一種幾近完美地適合這目標的元素——黃金。

他很快排除週期表右邊的十種元素，包括氦（He）、氖（Ne）和氬（Ar）。理由很明顯——它們都是在室溫中會飄移的氣體，當然不適合做為貨幣。

除了氣體外，席拉還排除了像汞（Hg）和溴（Br）等元素，因為它們在室溫下為液態，因此和氣體一樣不可行。其他元素如砷（As），因為具有毒性，所以被排除。

然後，他轉向週期表左方，那裡包括鎂（Mg）、鈣（Ca）和鈉（Na）等十二種鹼性元素。這些元素也不適合當作貨幣，因為它們與水接觸就會溶解或爆炸。未雨綢繆存錢是好主意，但如果錢沾上雨水會溶解可不是好事。

下一批被排除的元素是鈾（U）、鈽（Pu）和釷（Th）等元素，理由也很簡單，它們具放射性。沒有人喜歡身邊帶著的錢可能導致癌症。這個族群也包括三十種只能在實驗室合成的放射性元素，例如鑀（Es）。

大多數其他元素也因為具特別的屬性而不適合做為貨幣。鐵（Fe）、銅（Cu）和鉛（Pb）沒有進入決選名單，因為它們會生鏽或腐蝕。央行貶值你的錢已經夠糟了，沒有人會想要自身會貶損的貨幣。

羅拉特和席拉繼續他們的元素週期表探究之旅。鋁（Al）太脆弱而不適合當作硬幣。鈦（Ti）太難用古代文明可得的原始設備來冶煉。

等排除過程告一段落，只剩下八種可做為貨幣的候選元素。它們是所謂的貴金屬，位於週期表的中間，包括鉸、鋨、釕、鉑、銠、銀和金。這些元素都很稀少，只有銀和金有足夠的量，可以充作實用的貨幣供給。其餘的都極度稀少，少到無法當作貨幣，且因為有極高的熔點而難以淬取。

羅拉特以如下的結論完成他的探究之旅：

> 最後只剩兩種元素——銀和金。兩種都很稀少，但不至於少到不可能得到。兩種都有相對低的熔點，因此很容易鑄造成硬幣、條塊和首飾。銀會變灰暗——它會與空氣中微量的硫作用。這是我們最終認為「金」特別有價值的原因。*

最後，金（Au）還有一項特別的吸引力——它擁有黃橙橙的顏色。所有其他金屬都是不太吸引人目光的灰色，除了銅以外，銅暴露在空氣中會變綠。美觀不是貨幣的先決條件，不過，對以優異成績通過其他測試的「金」來說，仍然是很棒的特性。

我們的祖先不是像現代批評者所說的，因為黃金閃亮美麗而選擇它。黃金

* Justin Rowlatt, "Why Do We Value Gold?," *BBC World Service Magazine*, December 8, 2013, www.bbc.com/news/magazine-25255957。

是唯一具備所有必要特性——**稀少、金屬性、耐久性和一致性**——的元素，可以做為可靠而實用的實體價值儲存物。比我們有智慧的社會很早就了解這些。

當然，這麼多優點並不表示一定要用黃金當作貨幣。現今的貨幣大多以數位形式存在。儲存數碼的電子也不會鏽蝕，然而它們一點也不稀少。

貨幣是「數位的」並不表示它不存在於實體世界，它們也脫離不了週期表中的元素。數位貨幣存在於儲存在矽（Si）晶片的帶電亞原子粒子中，它們可能被入侵並抹除。黃金原子（原子序為79）很穩定，不會被中國和俄羅斯的網路軍團抹除。即使在網路時代，黃金仍然鶴立雞群，是最理想的貨幣形式。

黃金不是投資

黃金不是一種投資，因為它沒有風險，且沒有報酬。巴菲特（Warren Buffett）著名的黃金批評說它沒有報酬，所以不可能讓他的財富增值。他說的沒錯。黃金沒有收益；它本來就不該有，因為它沒有風險。如果你買一盎司黃金並保存十年，最後你還是擁有一盎司黃金——不多不少。當然，每盎司黃金的「美元價格」在這十年間可能劇烈改變。這不是黃金的問題，而是美元的問題。

要想從投資獲得報酬，你必須承擔風險。對黃金來說，會有什麼風險？黃金沒有存續期間風險，因為它只是黃金。它不會五年後「到期」；它現在是黃金，而且永遠是。黃金沒有發行者風險，因為沒有人發行它。如果你擁有黃金，就是擁有它，它不是任何人的負債。黃金沒有商品風險。商品有許多必須考慮的風險，購買玉米時，你必須擔心：裡面有沒有害蟲？它們是優質玉米？還是劣質玉米？石油也一樣；全世界的石油有七十五個等級。但純金是一種元素，原子序為79。它永遠只是黃金。

黃金不是商品

黃金幾乎沒有工業用途。它不是商品，因為除了少數幾種外，黃金不是製造程序的重要投入。看看其他商品：銅用於製造電線和水管，銀除了是貴金屬以外，還有許多種工業用途。其他礦產商品被當作製造原料；黃金則否。黃金在電子業被用於鍍層、接頭等，但用途很有限。

我們知道黃金在商品交易所交易，行情刊登在你常造訪的網站商品欄中。不過，這並不表示黃金就是商品。投資人必須了解這一點，因為許多會影響商品的發展不會以同樣方式影響黃金。

回顧一下大蕭條的情況。當時最棘手的經濟問題是通貨緊縮。商品價格和工業產值大幅滑落，但從一九二九年到一九三三年，黃金的美元價格並未下跌；它仍然固定在每盎司二〇・六七美元。當時黃金扮演的是貨幣的角色，而非商品角色。

從一九三三年四月開始的幾個月間，美國政府強迫金價從每盎司二〇・六七美元提高到三五・〇〇美元。政府提高金價導致通貨膨脹；他們急切地想擺脫通縮，而黃金在政府的法令下扮演開路先鋒。股票和商品價格很快跟隨著上揚。黃金角色完全不像商品，而是像貨幣。現今的政府再度擔心通縮，希望藉通膨來協助減輕主權債務的實質負擔。黃金可能再度被徵召扮演觸發通膨的角色，完成央行迄今無法達到的效果。

另一個黃金的角色不像商品的例子，可從二〇一四年黃金與連續商品指數（Continuous Commodity Inde, CCI）的關聯性看到。CCI的成分有十六種，包括：黃金和鐵礦砂、銅、鋁和農產商品。黃金一如預期，從那年一月到十一月呈現高度關聯性，但在二〇一四年十一月，該指數出現暴跌，而美元計價的黃金卻大幅攀升。與這種分歧走勢同時發生的是：能源和基本金屬價格出現重挫（指數暴跌的主因），以及俄羅斯和中國對黃金的需求遽增（金價上揚的主因）。黃金交易突然不再像商品，而開始像貨幣。

這種黃金走勢預告了後來發生的一些事。

黃金不是紙

華爾街券商、美國銀行業和其他倫敦金銀市場協會（London Bullion Market

Association, LBMA）的會員，創造了龐大數量的「黃金產品」，這些黃金產品不是黃金，而是紙合約。

這些產品包括指數股票型基金（ETF），其中最著名的一種交易代號為GLD。從「交易代號」可以看出出這種產品不是黃金的事實。ETF是一種股票，其結構的某個部分牽涉到黃金，但持有者並沒有實際擁有黃金——而是擁有股份。即使如此，這種股份也不是實體的；它是數位的，因而容易被入侵或抹除。

GLD背後的法律結構是信託，而託管人擁有一些庫藏的實體黃金。大部分黃金ETF就採用這種安排。GLD的黃金庫藏在倫敦。有一群合法的市場參與者為GLD的信託股票造市，他們都是倫敦金銀市場協會的大型會員，例如高盛（Goldman Sachs）、摩根大通（JPMorgan Chase）等。

合法參與者大部分的活動，是在實體黃金市場和GLD股票市場間套利。如果GLD股票有賣壓，合法參與者就以造市者（market maker）的身分買進股票，並賣空實體黃金。然後交易商將股票交付給託管人，以交換實體黃金，並軋平賣空的實體部位，進而獲得股票價格與實體價格價差的利潤。這種套利類似一九一四年之前的年代，紐約和倫敦間存在的「黃金輸出入點」（gold points）套利，只差現在已不須在北大西洋兩岸間運輸實體黃金才能獲利。現今，黃金一直存放在倫敦金銀市場協會或GLD的地窖，視套利交易的流向而定。

GLD的投資人除了無法擁有實體黃金和將是駭客入侵的目標外，還承擔其他風險。例如，監管當局可能關閉紐約證交所，使投資人無法交易股票。宣稱交易所絕不會關閉的人，應該回憶一下二〇一五年七月八日的軟體故障、二〇一二年桑迪（Sandy）颶風期間，和九一一攻擊後的情況。著名的例子之一是：紐約證交所在第一次世界大戰爆發後，也曾關閉四個月。停電或電子問題也隨時可能導致交易所關閉。購買ETF後，你就只能透過數位系統交易。

倫敦金銀市場協會也透過紙合約出售黃金，其性質屬於未納入監管的期貨。做為這種合約基礎的黃金，被稱為「不分配」黃金，也就是擁有者沒有主張擁有實體黃金的權利。賣方確實擁有部分實體黃金，但不足以滿足所有不分配黃金買方潛在的主張權。銀行只要擁有一美元實體黃金，就可以賣出十美元以上的這種合約。他們希望全部擁有者不會同時要求擁有黃金，因為萬一發生這種情況，買合約者將分配不到足夠的黃金。

這種合約下的黃金擁有者，如果想把不分配黃金轉變成分配且質押的黃金，必須告知銀行。告知期讓銀行有時間分配一些實體黃金，以支應合約的要求。

如果太多顧客同時要求擁有實體黃金，銀行只得終止合約，以終止日期的收盤價支付現金給顧客。顧客將收到根據該收盤價計算的支票，而無法拿到實體黃金。這還是最好的情況，在最糟的情況下，銀行可能倒閉，黃金投資人將血本無歸。

因此，這些紙合約可能提供黃金市場價格的投資機會，但與擁有實體黃金差距很遠。如果發生需求暴增或恐慌性的搶購黃金，且金價一飛沖天，那就是這類紙合約發生違約的時候，因為將沒有足夠的實體黃金來滿足顧客的要求。只有存放在非銀行的實體黃金是真黃金。

黃金不是數位貨幣

黃金是實體的，不是數位的貨幣。因此，黃金提供對抗數位貨幣承擔之風險的保險。

在大多數情況下，美元是一種數位貨幣。我們口袋裡可能有小金額的美鈔，但比起我們的需求並不多。如果我到雜貨店，我可能拿出一張二十美元鈔票，但更可能的是掏出金融卡來。

當你領到薪水時，你的僱主可能是直接存進你的帳戶裡。你支付帳單時，可能是利用線上銀行。在你外出購物時，你可能使用信用卡或金融卡。你使用的現金金額比起你的金融交易金額相當小。

世界最大的證券市場美國公債市場，從一九八〇年代初就未曾發行過實體紙證券。一些人的閣樓裡可能還保存了幾張紙債券，但現今的美國公債市場已完全數位化，正如支付系統也是如此。

無現金的數位社會已經來臨。一些觀察家擔心他們所稱的「反現金戰爭」。

別操心，反現金戰爭已經打完，而且政府贏了。

實際上，循規蹈矩的民眾要是擁有大量現金還可能被懷疑與販毒、恐怖主義或逃稅有關。除了這種懷疑外，還有來自政府的監視。沒有黃金的民眾別無選擇，只能接受財富的數位化。

數位財富易受停電、基礎設施和交易所停擺、駭客入侵和線上盜竊的影響。如果十億美元的資產組合可能在一夕間消失，這種財富有何價值可言？

如果政府關閉銀行並重設自動提款機的程式，限制你每天只能提領三百美元以購買汽油和雜貨呢？即使你的銀行存款有十萬美元也無濟於事，政府監管機構會說，在公布新規定前，每天三百美元已足夠買汽油和雜貨。

這正是二〇一三年歐元區在賽普勒斯，和二〇一五年在希臘發生的情況。存款人應該擁有實體黃金，做為對抗銀行凍結情況的保障。

貨幣崩潰與金本位結束的歷史

黃金是貨幣，不過它的貨幣地位一直遭到政府和經濟學家的貶抑，尤其是一九七一年國際貨幣體系崩潰和美國結束美元可兌換黃金之後。一九七一年的貨幣崩潰應該不令人意外。從二十世紀以來國際貨幣體系實際上崩潰了三次——一九一四年、一九三九年和一九七一年——而且在一九九八年和二○○八年，也曾兩度瀕臨崩潰。

由於現今的國際貨幣體系大體上以美元為基礎，新的崩潰將由對美元及其扮演價值儲存角色的信心崩潰所觸發。聽起來可能令人吃驚，但這種崩潰確實每隔約三十年就發生一次。從過去一世紀的貨幣史來看，我們可能已接近當前國際貨幣體系堪用週期的終了、一個新體系即將出現的時候。

過去的貨幣崩潰並未造成世界毀滅，人們沒有躲進山洞，開始吃罐頭食物。**貨幣崩潰導致當時的主要金融和貿易強權坐上談判桌，重寫所謂的「遊戲規則」，也就是國際貨幣體系的運作方式**。

例如，一九一四年的崩潰後，主要國家一九二二年在義大利熱那亞，舉行貨幣會議以重寫遊戲規則，嘗試重新採用金本位制。一九三九年的崩潰後，在美國新罕布夏州布列敦森林舉行一場更大、更廣為人知的國際貨幣會議，重寫了一九四四年美元─金本位制的相關遊戲規則。在一九七一年的崩潰，尼克森總統廢止美元兌換黃金時舉行了一連串會議，最著名的是一九七一年十二月簽訂的史密森協議（Smithsonian Agreement）。後續又舉行無數次會議，帶來一九八五年的廣場協議（Plaza Accord）和一九八七年的羅浮宮協議（Louvre Accord），再度改寫遊戲規則。

從一九七一年到一九八〇年是一段短暫的混亂期，美國在摸索中轉向浮動匯率制。這段期間的經濟表現一蹶不振，美國從一九七三年到一九八一年三度陷入衰退，黃金的美元價格從每盎司三十五美元漲到八百美元，通貨膨脹直上雲霄，美元匯價下跌超過一半。

一九八一年，伏克爾（Paul Volcker）和雷根總統（Ronald Reagan）拯救了美元，世界逐漸轉向新的「美元制」，也就是所謂的美元國王期（King Dollar period）。

事實上，美國告訴世界，即使沒有金本位制，美元也是可靠的價值儲存貨幣。這意謂了美元通貨膨脹結束，並使美國成為最具吸引力的美元投資地點。伏克爾的貨幣政策，雷根的稅務和監管政策，達成了這些目標。美國的貿易夥伴基本上被告知，他們可以以美元為本位。美元制從一九八一年到二〇一〇年貢獻良多，促進了直到二〇〇七年的穩健成長，以及一九八〇年代和一九九〇年代的長期經濟擴張。

總結而言，從一八七〇年到一九七一年，除了戰爭期間中斷外，國際貨幣體系採用了幾種金本位制的變形。從一九八〇年到二〇一〇年，世界沒有金本位制，而是採用美元制。而現在我們的國際貨幣體系沒有任何標準或根本。從二〇〇七年以來，我們一直生活在一個市場和經濟充滿混淆、動盪和成長低落的世界看來，這應該不讓人感到意外。

當下一次崩潰來臨時，國際上還會舉行像一九二二年在熱那亞、一九四四年在布列敦森林舉行的這種會議。現今的投資人必須展望未來，並且問：「新的遊戲規則會是如何？」他們可以根據得到的答案，建構他們的投資組合，以便在無可避免的動亂發生時保護自己的財富。

黃金永遠不會失去舞台

普遍的看法是，尼克森總統於一九七一年八月十五日關閉黃金窗口，美國從此告別了金本位。以後兩個世代的學生，被政策制訂者和教授們嚴格地教導：黃金在國際貨幣體系已不扮演任何角色。

然而，事實上黃金從未遠離。當權者停止談論黃金並公開忽視它，但他們仍緊抱著黃金。如果黃金毫無價值，為什麼美國擁有超過八千公噸？為什麼德國和國際貨幣基金（IMF）各自擁有約三千公噸？為什麼中國暗中收購數千公噸，俄羅斯也每年買進超過一百公噸？**如果黃金在體系中不扮演任何角色，為什麼各國爭相買進？**

央行嘗試說服民眾，貨幣與黃金無關。這不難理解，因為這能給央行愛印多少鈔票就印多少的權力。從柏南克到葛林斯班（Alan Greenspan）等，幾乎每位都貶斥黃金，說它在體系中無足輕重。隨著控制貨幣能力而來的是，控制行為和政治的能力。儘管如此，**黃金是真正支撐國際貨幣體系的基礎。**

黃金與國際貨幣體系

黃金正從世界貨幣體系捲土重來。當你觀察世界實際發生的情況，而不盲從電視聽來的粉飾之詞，你就會了解全球已經採用了某種影子金本位，而且正回到一種較正式的金本位制——把黃金視為貨幣。我們已看到許多跡象，而不只是遙遠未來的可能性。黃金重回體系核心的證據很清楚，而這種發展有幾個理由。

IMF是世界第三大持有黃金者。（第一是美國，第二是德國，第三是IMF。中國實際上可能是第二大持有者，但中國未公布實際持有黃金數量，而且很難證實。）

IMF在全球貨幣體系扮演關鍵角色，擁有的權力和影響力，遠比外界從它技術官僚機構的外表可能推想的還大。IMF喜歡表現出對弱小新興國家親善的姿態，實際上它像一家龐大、貪婪的公司，偶爾捐些錢做慈善，但只是想展現它的慷慨而已。

ＩＭＦ在一九四四年創制了布列敦森林會議，然後花了幾年時間，讓它在一九四〇年代末和一九五〇年代初站穩腳步並積極運作。它剛開始以短期貸款機構的身分，貸款給遭遇短期國際收支逆差的富裕國家。

試想，如果有一個國家，年復一年國際收支呈現赤字，矯正逆差的方法之一是貶值它的貨幣，以便出口更有競爭力。但貶值貨幣，在布列敦森林協議的固定匯率下，是不被允許的。因此ＩＭＦ提供一筆貸款讓這個國家渡過難關，以便進行經濟結構改革。這種改革將嘗試降低單位勞動成本、提升生產力，或改善投資環境——盡一切可能讓經常帳回復到有順差。一旦資本帳呈現順差，就有能力償還ＩＭＦ的短期貸款。

在極端的例子裡，ＩＭＦ會允許貶值，但只有在用盡其他貨幣性和結構性改革措施後才會如此。

這套短期貸款系統，在一九六〇年代末和一九七〇年代初停擺，當時英國大幅貶值英鎊兌美元的匯率，美國則關閉美元兌換黃金窗口。固定匯率制很快壽終正寢，此後全球開始採用浮動匯率。

一九八〇年代後，ＩＭＦ在荒野流浪近二十年，沒有明確的使命供其施展。在一九八〇年代和一九九〇年代初，ＩＭＦ扮演新興市場的貸款機構，因為布列敦森林協議下，穩定匯率的初始使命已經消失。

ＩＭＦ的聲譽，在一九九七到一九九八年的亞洲金融危機嚴重受損。毫不誇張的形容是：ＩＭＦ建議的改革導致街頭濺血。在印尼雅加達和南韓首爾的暴動，導致許多人死亡，直到現今，包括著名的諾貝爾獎得主史提格里茲（Joe Stiglitz）在內的許多學者專家，把這場金融危機歸咎於ＩＭＦ錯誤的建議。

到二〇〇〇年，ＩＭＦ就像一隻擱淺在沙岸的鯨魚，無法回到大海執行它的使命。沒有人清楚ＩＭＦ在做什麼，或應該做什麼。到二〇〇六年，輿論出現廢除ＩＭＦ的聲浪。

然而，就在ＩＭＦ走向死亡的路上發生一件有意思的事。二〇〇八年爆發全球金融危機，一時之間ＩＭＦ又重回賽局，並一躍而成為：最強大的已開發和新興市場國家組成的二十國集團（G20）的準秘書機構。Ｇ 20的角色，類似這個集團的理事會，ＩＭＦ則扮演執行理事會意志的幕僚和代理人。

ＩＭＦ本身也有理事會，但有趣的是：如果你依國家看它的會員，Ｇ20國家的會員有許多重疊。Ｇ20會員國和ＩＭＦ執行委員會的二十四個成員國，大體上是相同的。Ｇ20是一群不帶幕僚的國家元首，而ＩＭＦ有一個現成的幕僚群。從二〇〇九年以來，二十國集團高峰會，就與ＩＭＦ的技術人員、幕僚和分析師緊密合作。新的貸款機制已變得高度政治化，這從烏克蘭和希臘的例子可以看到。

事實上ＩＭＦ一直是一家富國俱樂部。ＩＭＦ的投票機制，必須八五%的票才能進行重大改變，例如，修改它的章程條款（ＩＭＦ的治理文件），或通過重大貸款計畫。美國擁有超過一六%的投票權，這表示如果其他會員國聯合起來，投票對抗美國，仍然不足以壓倒美國的反對。當然，這些都不是偶然的安排；美國在ＩＭＦ的聲音向來最大，而且ＩＭＦ總部就設在華盛頓特區。

現今，國際金融世界的治理問題之一，牽涉到改變這種投票的安排。如果你根據國內生產毛額（GDP）占世界ＧＤＰ的比率來處理這個問題，並比較ＩＭＦ的投票權，就會發現富國的比重太高，而新興市場國家的比重太低。中國就是個好例子。中國占全球ＧＤＰ約一四%，但在ＩＭＦ的投票權直到最近還不到五%。二〇一五年，美國國會已通過立法給中國更大的投票權。美國承認中國在ＩＭＦ應得的地位，是因為要回報中國，在操縱人民幣兌美元匯率的戰爭中，表現良好。

現今，ＩＭＦ已恢復它放款給富裕國家的初始使命，主要是對歐洲紓困，把ＩＭＦ絕大部分的錢都花在那裡。ＩＭＦ大部分的錢不是流向像波札那（Botswana）、馬利（Mali）或牙買加這種貧窮國家，而是流向波蘭、希臘、葡萄牙、愛爾蘭，以及基於政治理由而給了烏克蘭。

這一波新的大規模放款，ＩＭＦ必須籌措新資金來源。如果你準備放款，你會從哪裡找資金來源？銀行可以接受存款，或質押資產給央行，或憑空創造出貨幣。ＩＭＦ沒有窗口可以接受存款，不過它可以舉債，發行債券。有趣的是，這些債券並不是以美元計值，而是以特別提款權（SDR）計值，每個單位約值一・三八美元，雖然這個匯率會隨著市場而波動。

ＳＤＲ是什麼？大致說來，它是世界貨幣，但不是你能放在口袋攜帶的那種貨幣。你不能到自動提款機提領一疊ＳＤＲ。不過，ＳＤＲ仍然是貨幣，且隨著美元的地位下降，它在全球金融也扮演日益重要的角色。ＩＭＦ內真的設有交易櫃台，可以兌換ＳＤＲ和其他硬貨幣。它的運作可以舉以下簡單的例子來說明：二〇〇九年，ＩＭＦ發行一千八百二十七億單位的ＳＤＲ，以當時匯率相當於約二千五百五十億美元。ＩＭＦ是按照配額發行這個數字，而配額的意思是指一國的份額。如果我在ＩＭＦ有五％的配額，而ＩＭＦ發行一千億單位ＳＤＲ，那麼我可以得到五十億單位的ＳＤＲ，或總發行額的五％。許多會員國擁有配額，但並不需要ＳＤＲ，寧可要其他硬貨幣。

匈牙利是個好例子。回顧二〇〇〇年代，匈牙利銀行業以兩種貨幣提供顧客抵押貸款，顧客可以用本國貨幣佛林特（forint）貸款，或者以由維也納或蘇黎世的歐洲銀行提供的瑞士法郎貸款。瑞郎抵押貸款利率約二％，而佛林特抵押貸款利率約九％，因此大多數貸款人以瑞郎貸款，認為匯率不致變動。但事實不然，佛林特大幅貶值後，一時之間，這些瑞郎貸款債務，相對於貸款人的本國貨幣所得的負擔激增，違約的案例也隨之飆升。

如果你是匈牙利而ＩＭＦ給你ＳＤＲ，你的反應會是你很需要瑞郎，所以你的央行可以協助償付銀行間貸款。你打電話給ＩＭＦ交易櫃台說：「請把我的ＳＤＲ兌換成美元。」

ＩＭＦ櫃台會打電話給中國問：「你要買ＳＤＲ嗎？」

中國回覆：「我們要。」

於是，中國將美元匯給ＩＭＦ並換得ＳＤＲ，同時匈牙利則獲得美元，並出售美元以買進瑞郎，然後用瑞郎來協助國內銀行。這就是你在有所需求時，把ＳＤＲ換成其他強勢貨幣的方法。

ＩＭＦ只在流動性危機時才發行ＳＤＲ。下一次發生全球流動性危機時，危機的規模將超過聯準會和其他央行所能控制。聯準會在應付上次危機時，已經耗盡它的資產負債表——換句話說，彈藥已經用光——迄今還沒有平衡它的資產負債表，而且未來十年可能還辦不到。其他央行的情況也相去不遠，它們都沒有餘力再印更多鈔票而不摧毀信心。它們可能還有印鈔票的法定能力，但在不危及信心的範圍內，它們已心餘力絀。

要是發生這種新流動性危機，世界將轉向ＩＭＦ，尋求ＩＭＦ發行的ＳＤＲ，以挹注流動性。這麼做可能不至於影響信心，因為實在太少人了解ＳＤＲ是什麼。發行龐大數量的ＳＤＲ將對美元極具通膨性，儘管如此，美國的政治人物將只會怪罪ＩＭＦ是不負責任的機構。

發行大量ＳＤＲ的影響之一，將是摧毀美元計價資產的價值，進而阻礙資本形成。在這種風暴中唯一的掩蔽將是硬資產，包括黃金。如今聰明的投資人正未雨綢繆，以這種方式安排他們的投資組合，俄羅斯和中國等大國也正在這麼做。

如果人們對ＩＭＦ和採用ＳＤＲ失去信心，將會如何？誰來為ＩＭＦ紓困？目前來說，沒有人。轉向ＩＭＦ不是走一步算一步，而是走投無路，把問題從民間債務變成主權債務，再變成ＩＭＦ發行的多邊債務。ＩＭＦ已是路的盡頭，再沒有下一步路可走。而ＩＭＦ的靠山則是它擁有的三千噸黃金，以及ＩＭＦ會員國存放在美國和歐洲的黃金。

這是我不斷回到黃金這個主題的原因，也是為什麼我要計算黃金對貨幣比

率和黃金對ＧＤＰ比率，以及預測黃金的美元價格會漲到每盎司一萬美元以上的理由。如果對國家紙幣的信心淪喪，而你想挽救一個採用不同類法幣的體系，特別是ＳＤＲ，那又有什麼用處。如果這種做法有效，那只有兩個原因：第一，幾乎沒有人了解它；第二，我們口袋裡不會有ＳＤＲ。只有國家以及國家之間會用ＳＤＲ——個人不會。ＳＤＲ**不會透明化**。它們將存在，而且如果印的數量夠多，將極具通膨性。不過，不會有人真正用到它們，因為ＳＤＲ**是人類歷來創造的最技術性和抽象形式的貨幣**。

如果ＳＤＲ管用，部分原因將是很少人了解它。不過，如果人們了解它，可能對它的信心會逐漸消失。在這種情況下，唯一的靠山就是黃金。

影子金本位制

世界各國正以加快的速度收購黃金，以分散它們的準備部位。這個趨勢加上美國、歐元區和ＩＭＦ持有的龐大黃金準備，形成了一個影子金本位制。

評估各國的影子金本位制最好的方法是：看它們的黃金對ＧＤＰ的比率。黃金對ＧＤＰ比率可以輕易地用官方數字計算出來，然後再比較各國的黃金以判斷真正有多少黃金力（gold power）。

最大的贏家——世界黃金力的中心——是十九個組成歐元區並發行歐元的國家。它們的黃金占ＧＤＰ的比率超過四％。美國的比率約一・七％。有趣的是，俄羅斯的比率約二・七％。俄羅斯擁有的黃金比美國的黃金量多八分之一，但它的經濟規模只有美國經濟的八分之一，所以比率較高。俄羅斯是持續收購黃金的國家之一，且其比率似乎將趕上歐元區。日本、加拿大和英國是大經濟體，但它們的黃金比率很低，不到一％。

最有趣的例子是中國。中國的官方黃金準備，根據二〇一五年七月的報告有一千六百五十八公噸，但我們從包括礦業生產和進口統計數字的各種可靠來源得知，中國實際的黃金庫存接近四千公噸。我曾與冶煉廠和安全物流公司——實際處理實體黃金的人——和官方消息來源談話，並把他們的情報納入我的估算。整體而言，有足夠多的可靠消息，支持我這個最保守的估計。很可能中國擁有的黃金遠超過四千公噸。

和俄羅斯一樣，中國因為持續收購黃金，因此未來將有堪與美國和歐洲比擬的黃金比率。**當貨幣體系崩潰時，黃金對GDP比率將很重要**，因為**它將是重建貨幣秩序和「遊戲規則」的基礎**。

前面已經提到，在重建貨幣秩序時，各國將舉行會議，坐下來商議。我們可以把這種會議想像成打梭哈牌。當你坐下來打梭哈牌時，你希望自己有一大疊籌碼，而這個時候黃金的作用就像一疊籌碼。這並不表示世界必然會恢復金本位制，而是說**各國在牌桌上的聲音大小，將與擁有的黃金庫存多少有很大關係**。

全世界只有三萬五千公噸官方黃金。「官方黃金」指的是央行、財政部和主權財富基金持有的黃金，不包括民間擁有的黃金首飾和金條塊。

中國過去七年來的收購黃金超過三千公噸，占世界官方黃金近一〇%，使中國占全球黃金準備的比率大幅升高。**中國收購黃金的方式凸顯其非常不透明**。黃金市場流動性很高，但交易量少。如果中國的意圖和行動完全揭露，金價可能就會上漲許多。這種情況在大買家進入市場時勢必發生。中國希望金價儘可能維持在低價位，直到它完成收購計畫。

中國正嘗試收購夠多的黃金，以便國際貨幣體系崩潰來臨、世界必須重新協議貨幣秩序時，中國將在會議桌上占有重要的席位。對加拿大、澳洲和英國等國家來說，黃金對ＧＤＰ比率偏低，將使它們坐在遠離會議桌中心的邊緣席位。這些黃金力弱小的國家，基本上將在重建全球貨幣秩序中，扮演旁觀者角色，被迫接受美國、歐洲、俄羅斯和中國等國家安排的任何體系。在這種情況下，德國將為歐洲發言，因此，新體系是以ＩＭＦ管理下的，美、德、俄、中的共識為基礎。

結語

黃金是貨幣，儘管政策制訂者和經濟學家抱持貶抑的態度，它仍然是絕佳的財富儲存工具，且持續在世界貨幣體系扮演不可或缺的角色。這有一部分要歸功於法國，因為一九七五年法國在ＩＭＦ中，堅持黃金在官方準備必須扮演一定角色，即使當時黃金已不再是貨幣的參考基準。

學界的經濟學家似乎不把黃金看在眼裡，他們大多數輕忽它，且從未從貨幣的角度研究。不過，黃金也從未完全遠離，它在幕後仍然舉足輕重。黃金仍然是國際貨幣體系準備的要角，而且未來角色將愈來愈重要。

了解黃金可以提供我們一個參考架構，以了解未來的國際貨幣體系。在下面的章節中，我們將探究，聰明的投資人如何投資在實體黃金上，以保護自己免於我們在二十一世紀所面對的複雜經濟力量和動盪的影響。

| 第三章 |

黃金是保險

黃金的吸引力在於：

它在通膨和通縮下，都能保存擁有者的財富。

黃金在投資人的投資組合中，應占有一席之地，

因為它是少數能在通膨和通縮中都能上漲的資產之一。

上一章提到，黃金不是投資，不是商品，不是紙契約，也不是數位的貨幣。黃金很單純，是一種元素，原子序為79；它是複雜的反面。它在面對國際貨幣體系崩潰和金融市場的複雜時，仍舊堅實可靠。擁有黃金是對抗當前經濟氣候和不穩定的貨幣體系的保險。

黃金是反複雜的資產，因此，是投資人在複雜的世界應擁有的一種資產。讓我們看看我所謂複雜的意思，並且思考：黃金如何提供我們，對抗複雜系統風險的保障。

複雜理論和系統分析

在分析世界經濟狀況和崩潰的可能性時，我使用複雜模型。複雜性是物理學的分支，探討在緊密交織的網絡中遞歸函數（recursive functions）的影響。它是節點（nodes）如何互聯和相互作用的科學。這種相互作用導致改變的行為，也稱作適應行為，因而可能製造出完全出乎意料的結果。不過，聯準會使用隨機均衡（stochastic equilibrium）模型，而這種模式無法反映真實世界的運作。

這些技術名詞有點令人望而生畏。不過，這類概念並不難了解。那麼，什麼叫均衡模型？

我想所有投資人都能了解的一個好例子是飛機。飛機由數噸的鋁、鐵和其他沉重的實體成分製造而成，但它仍然有辦法飛得很高。它怎麼辦到的？答案是：飛機的外形設計和工程有一定的方法。機翼的底面是平的，上面是曲形，以便流經機翼下面的空氣比上面多；上面的曲形阻擋了空氣。所以是：形狀提供了升力。

飛機如何讓機翼底下的空氣流動？引擎提供了推力。有了推力和升力，飛機得以翱翔天空。但飛機必須轉彎，因為飛航管制員告訴飛機必須飛到一個地點，而非另一個地點。這時候飛機怎麼做到的？它使用舵。當飛機必須下降時，有襟翼可以改變機翼底面的形狀，諸如此類。

現在，想像聯準會主席好像駕駛座艙裡的駕駛員，用手操作飛機。他可以用襟翼改變機翼的形狀，可以用節流閥來增加或減少推力，也可以用舵來讓飛機轉向，視需要向左或向右轉。假設飛機遇上一點亂流，駕駛員說我們必須飛更高些，以便避開亂流，讓乘客感覺安穩些。如果飛機高度不夠，駕駛員便增加一點推力或升力，讓飛機爬高些。

聯準會主席坐在華盛頓聯準會的理事廳，思考經濟像飛機一樣飛得不夠快或不夠高，因此需要一點以印鈔票為形式的推力，也許用上作用有如舵的前瞻指引（forward guidance），以及提供升力的量化寬鬆，以協助飛機達成它的目標。這就是均衡模型。

這種模型只有一個問題。經濟並非一個均衡系統，而是一個複雜系統。複雜系統是什麼？想像飛機突然變成一隻蝴蝶；這就是複雜性的例子。

複雜性會製造意料之外的事物，也就是術語所稱的「突現性質」（emergent property）。一種突現性質就是一個你未預料到的發展。就此處而言，聯準會使用所有貨幣政策工具嘗試駕駛飛機，但複雜性可能就是讓飛機以完全意外之外的方式飛行。

以銀行系統為例。銀行迄今尚未從二〇〇八年危機的傷害復原，也未矯正當初導致危機的問題。你可能聽到許多評論員和監管官員說，銀行的資產負債表已強健許多，銀行資本比率也已提高。這是事實，**但相對於風險，銀行還不夠強健，而且系統仍然不穩定**。

現今美國五家最大的銀行，比二〇〇八年時還大，它們的總銀行資產更高，衍生性商品的曝險更大了許多。二〇〇八年「大到不能倒」的銀行，如今已更大和更危險。

當資產集中在少數幾家彼此交易（大多數是衍生性商品）的銀行時，密度將更高。這表示如果系統中任何地方出了一個小問題，擾動（perturbation）將迅速擴散到系統。這稱作「傳染」，或以IMF用的術語叫「外溢」（spillover）。不管你稱呼這種金融動盪為傳染或外溢，都會對銀行系統產生相同的骨牌效應。

複雜系統更令人畏懼的是，大多數災難性的結果，可以從初始狀況的微小變動發生。實際上不可能察覺或測量。微小的因，就能產生巨大的果。看似瑣碎的事件，例如，世界遙遠地方一家不知名的小經紀商意外倒閉，就可能導致系統崩潰，端看倒閉當時的連結情況而定。

想想這個譬喻：一座山在靠山頂處有一個陡峭的坡，雪已經連下了幾週，堆積得很深，顯然有發生雪崩的危險。專家已能看出積雪以不穩定方式傾斜。雪堆到某個時點勢必會崩塌。

這個雪堆可能可以支撐一陣子。也許因為風景很漂亮，或者因為不怕死，比較大膽的滑雪者想在雪堆下面滑雪。

有一天，一片雪花飄落，落在山坡上，擾動了其他幾片雪花。一個擾動啟始一個小下滑，進而變成較大的崩落。它蓄積動力，捲入更多雪，產生巨大的力量。突然間整個山坡的穩定遭到破壞，形成大雪崩，掩埋崩塌路徑的滑雪者，並摧毀了下面的村莊。

當事後追究原因時，我們要歸咎誰？是怪罪那片雪花，或者不穩定的積雪？當然我們要怪罪不穩定的積雪，因為雖然那一片雪花啟動了整場雪崩，但崩塌終究會發生。如果不是那一片雪花，很可能是前一片或後一片雪花會啟動雪崩。是山坡積雪的不穩定，導致雪崩和對沿途的破壞，所以，山坡的積雪是一個等著崩陷的複雜系統。

再舉一個例子。假設你在一個有一百個人看表演的劇場，突然有兩個人起身跑出劇場，你會怎麼做？其他人會怎麼做？很可能你不會做什麼。你可能認為他們的行為奇怪或粗魯。也許匆匆跑出去的人收到緊急的簡訊，或約會快遲到了。不管如何，你準備繼續坐著，看完表演。

但假設不只兩個人，而是有六十個人起身跑出劇場。你會怎麼做？其餘的人又會如何反應？我敢說你會跟在後面跑，因為你會假設這些人知道某件你不知道的事。也許是劇場失火了，也許有炸彈威脅，你不想變成最後知道的人，所以你會跟著跑出劇場。

這是根據所謂「臨界值」（critical threshold）的變數，觀察到的適應行為的例子。臨界值是其他人的行為影響你的行為的某個點，在上述的例子中，你跑出劇場的臨界值大於二，但小於六十，用數學方式來表示即：$2<T<60$。

劇場裡每個人的臨界值可能不同，而且臨界值常常隨著外部情況、你的心情或其他因素而改變。如果只有少數人跑出去，劇場裡的人可能保持冷靜。但當不只是少數人開始跑離開時，整個劇場的觀眾可能突然陷入一片驚慌。我們很難預知全面驚慌行為的臨界點在哪裡。

如果想感受資本市場的複雜性，可以想像這個簡單的例子不是一百個人在劇場，而是全世界數億名投資人，每天在資本市場、外匯市場、商品、股票、債券和衍生性金融商品市場，進行交易。

如果你是股市投資人，你看到市場下跌，可能說這是買進的好時機。當市場繼續下跌，你會說我看到許多價值股。但股市繼續下跌，你已經損失慘重。到哪個點你才會宣告放棄？哪個點會引發你的恐慌？哪個點你會說：「我受不了了，我準備賣出！」你拋售股票可能導致股市進一步下跌，造成更多投資人賣出。賣出會提供本身更多動力。這是初始的小改變可能導致最後大規模改變的例子。

這個改變可能很微小，只要一片雪花，或幾個人改變心意並影響別人。動力逐漸蓄積，最後每個人都驚慌奔出劇院，或造成資本市場崩潰。大多數人都未料到它會發生。充分了解複雜性理論和複雜系統，至少可以幫助你察覺這種危險。

最好的方法是不要專注在個別的雪花，而是研究系統性的不穩定。透過了解複雜性，你將可預測系統性崩潰而不用看到那片雪花。

只要聯準會緊抱均衡模型而未使用複雜性理論，它將繼續像過去三十來那樣，忽視泡沫和低估系統性風險。高智力和經濟博士學位無法取代好模型，如果你用錯模型，每一次都會得出錯誤的結果。

國際網絡

複雜理論是現今經濟最重要的新工具，不僅可用來了解美國貨幣政策，也適合用來了解全球資本市場。由於資本市場是複雜系統，而不是均衡系統，世界各國央行的總體模型全都已經過時，所以，我們不斷發生危機和崩潰，並不令人意外。

這並非近來獨有的現象。想想一九八七年股市在一天內暴跌二二％，相當於現今的道瓊指數一口氣跌約四千點。如果現今的道瓊指數下跌四百點，勢必成為新聞報導和公共討論的焦點，想像它一天內跌掉四千點會如何？但它確實在一九八七年發生過。

我們遭遇過一九九七年的亞洲金融崩潰，一九九八年的長期資本管理公司（LTCM）倒閉，二〇〇〇年的科技股泡沫爆破，二〇〇七年的次貸危機，和二〇〇八年的金融海嘯。為什麼這類危機不斷發生？原因是坐在駕駛艙的聯準會嘗試駕駛飛機，但經濟並不是一架飛機——它複雜得多。

如果你嘗試在一個複雜系統使用均衡模型，每次都會得出錯誤的結果。因此每個人都應該了解，複雜性和它如何作用在資本市場上。這種做法比緊盯聯準會的政策辯論要有用得多。

我們可以確定有關聯性、相關性和外溢效應，因為那是網絡的屬性。如果你把圖形理論和網絡科學用在實際分布的金融結點上，這種結論將一目了然。問題在於這種關聯性在真實生活中難以看出。我舉一個具體的例子來說明。

二〇〇七年九月，美國房宅市場開始崩潰時，我正在東京。二〇〇八年雷曼兄弟和美國國際集團（AIG）引發的恐慌正值高點。不過，這場危機實際上始於二〇〇七年夏季。當東京股市開始下跌時，起初我的日本同事看不到其中的關聯。他們知道美國房貸市場出了問題，但不明白那和日本市場會有什麼關係。

我向他們解釋，當發生金融問題時，你會想盡辦法賣出，不管你願意或不願意賣。在這個特定的例子中，實際情況是：美國的避險基金和其他槓桿投資人，因為房貸投資虧損而必須追繳保證金。他們很想賣出房貸資產，但當時房貸或其他資產擔保證券（ABS）市場全都凍結，於是他們開始賣出日本股票——不是因為他們不愛日本股票，而是因為日本股市仍然流動，可以輕易賣出籌錢，以支付其他部位的追繳保證金。即使這兩個市場平時的交互影響很小，但美國房貸市場重挫導致日本股市同步大幅下跌。這就是我的前同僚、也是諾貝爾獎得主舒爾茲（Myron Scholes）所稱的「**條件相關性**」（conditional correlation）。這指的是兩個通常不存在相關性的市場，在特定條件發生時突然產生相關性。條件相關性是絕佳的例子，可以說明物理學家所知的複雜系統的突現屬性（emergent property）。

另一個例子是，美國是世界衛星科技的領導國家，不僅是通訊和娛樂用衛星，也包括軍事和情報的應用。波音是這個領域的重量級公司。波音在美國製造衛星，但把衛星發射外包給俄羅斯。二〇一四年以後，美、俄的敵意逐漸升高，主因是烏克蘭的情況。如果我們讓緊張升得太高，並切斷雙方的貿易和其他商務關係，可能導致美國無法在俄羅斯發射新衛星，並使太空中的情報衛星停擺。因此，美國的衛星情報能力減弱，與美、俄之間的地緣政治緊張因為烏克蘭而升高有隱而不顯的關聯。這種關聯在緊張剛開始升高時可能不明顯，但它卻從複雜的動態中「突現」。

做分析容易碰到的問題之一是，許多人不了解「複雜性」（complexity）用在技術理論中是什麼意思。許多人把「複雜」（complex）當術語掛在嘴邊，或把它等同於繁複（complication）。

事實上，繁複和複雜在技術用語上是兩種不同的情況。例如，你取下一支瑞士手表的背殼會看到什麼？有齒輪、轉輪、彈簧、寶石和其他零件，這當然是一個繁複的系統。不過，修表專家可以打開手表，折下齒輪並清潔或更換它，以便修好手表。然後這位製表匠裝回背殼，手表就可以運作如新。

現在想像你把同一支手表的背殼拆開，發現的不是齒輪而是一團液態金屬，你該如何更換齒輪？這是一個想像的複雜性例子，其中手表經過相變，從固態變成液態。這時候修表匠的技術已使不上力，舊模型不再管用。

這就像爐子上一個裝滿水的水壺。你把爐火點燃，燒了很久水壺裡仍然滿是水，然後突然水開始變成蒸氣。水壺裝了相同的 H_2O 分子，但分子已經歷相變，水分子現在以不同狀態存在。水已從液態變成氣態了。

如果你看過一壺水煮沸，就知道水在變成蒸氣前表面會冒氣泡並滾動，那些分子不「知道」是否要保持為水或變成蒸氣。我想它們無法決定變為什麼。突然間滾動暴發，然後水變成蒸氣。不過，如果你把爐火轉小，表面就會轉變成水。翻滾的表面，就是每一個水分子從一種狀態（水）轉變為另一種狀態（蒸氣）的地方。

這是現今世界的好譬喻。我們正脫離二〇〇七年以前的舊狀態，但尚未進入新狀態。我們正處於冒泡、翻滾的表面，而投資人感到相當困惑。

複雜性和政策

好消息是，我們在政策上有許多可以降低資本市場複雜性的事。壞消息是，政策制訂者並未朝這個方法跨出任何有建設性的步伐。複雜系統崩潰是因為它們已超出無法永續的大小和規模。如果不是投入的能量太大導致系統無法承受，就是交互作用太頻繁導致無法保持穩定，或兩者兼具。不管哪一種情況，補救之道就是在崩潰發生前，縮小系統規模到可以長久持續的水準。

阿斯彭山（Aspen Mountain）的滑雪場巡邏員，看到有雪崩的危險時會怎麼做？他們會在一大早，滑雪客還沒到來前，就爬上山脊，引爆炸藥。他們實際上是炸開積雪，讓它們無害地滑下山坡，以免崩塌並壓死滑雪客。當美國森林管理局看到大規模森林大火的危險時會怎麼做？他們會在可控制的情況下放火燒掉乾木頭，以避免閃電或營火引發更大的火災，造成更大的傷害。

森林中乾木的數量或山坡積雪的數量，是衡量複雜系統規模的標準。在資本市場，我們也有衡量標準，包括衡量衍生性金融商品的總規模、資產集中在銀行體系的程度，和最大銀行的總資產。這些金融領域的標準，相當於不穩定的積雪和乾木的數量。正如森林管理員和滑雪場巡邏員，縮小他們管理的系統規模，監管機構也應該定期縮小銀行系統的規模。

我們應該把大銀行分拆成較小的單位，讓它們變成像公共事業一樣，發揮有用的機能，並因為它們的機能而獲得公平的報酬，但不能超過。即使我們分拆大銀行，也不表示不能讓他們倒閉。那只表示：即使它們倒閉，我們不會受影響。**重點不在於消除倒閉，而是消除因為倒閉引發災難性的崩潰**。我們也應該禁止大部分的衍生性金融商品，並重新實施葛拉斯—史帝格法案（Glass-Steagall Act），該法案禁止從事高槓桿和高風險的證券事業。

反對分拆大銀行的人宣稱，規模可以創造效率，進而為銀行顧客降低服務成本。但這些稱為**一階利益**（first-order benefits）的效率，比起災難性崩潰的二階成本要小得多。

換句話說，銀行業遊說者善於吹噓，大銀行在典型經濟體中具有規模和全球競爭力的好處，卻完全忽視整體社會承擔的二階成本。避免銀行倒閉的長期利益將遠超過縮小規模所需的短期成本。這不是一般制訂者有能力做的計算，因為他們不了解複雜系統動態發展的原理。

我完全看不到監管機構和銀行業者真的了解複雜理論的跡象，但他們確實意識到另一次系統崩潰即將發生。美國未能達成償付債務所需的成長。**衍生性金融商品數量日益龐大，銀行業掌控華盛頓，且金融系統逐漸失靈。買進黃金是在這種局勢下唯一明智的保險做法。**

經濟金融化

過去三十年來我們目睹了經濟的極度金融化。這表示我們傾向從金融交易創造財富，超過從製造、營建、農業等形式的生產。傳統上金融被用來促進貿易、生產和商務。金融用來支援其他經濟活動，而非本身就是一種目的。

金融有點像齒輪上的潤滑油——是一種必要的成分，但不是引擎本身。但在過去三十年，金融已經轉移，變成像癌症。它成了生產活動的寄生蟲。

在二〇〇八年危機時期，美國經濟中的金融業約占股票市值一七%和GDP的一七%。以促進經濟活動的角色來看，這是極高的比率。為什麼銀行業占了GDP的一七%？它也許應該只占五%，接近歷史的比率。現在金融本身已經變成目的，它的驅動力是貪婪，和銀行家有能力發明從複雜的社會榨取財富的祕法。問題在於銀行家用來榨取財富的方法提高了複雜性，卻無法增添價值。極度金融化在二〇〇八年幾乎摧毀全球經濟。

黃金庫存因為開採而以相當穩定的速度增加。在過去偶爾會有大發現，但近一百多年來已不復可見；許多大金礦的發現都是在一八四五年到一八九八年期間，其後的黃金生產增加緩慢而穩定，每年成長率約一・六%。

有趣的是，黃金庫存增加的速度和全球人口增加比率相當，使它具備「誠實貨幣」（honest money）的特性，幾乎就像其稀有性注定要讓它當作貨幣。

如果我們有誠實貨幣，就不會讓經濟金融化，因為金融的成長無法超過生產加上創新。金融業需要的無非是槓桿或信用工具：衍生性商品、交換合約、期貨、選擇權和各式各樣的債券和商業票據。它們需要各種我稱之為「假貨幣」——在我寫的第一本書《下一波全球貨幣大戰》（*Currency War*）*中使用的詞——的東西，以便讓遊戲繼續玩下去。

金融無法創造財富；它利用內幕消息和政府補貼，從經濟的其他部分榨取財富。它是**寄生蟲**或所謂的**收租者**（rentier）活動。我們必須在金融觸發下一次崩潰前控制它，這牽涉到分拆大銀行、禁止大多數衍生性金融商品，以及限制貨幣供給。

聯準會的角色

以重要性來看，聯準會是美國社會最不為人了解的大機構之一。聯準會是

* 編按：詹姆斯．瑞卡茲的著作《下一波全球貨幣大戰》、《下一波全球貨幣大崩潰》，均是聯經出版的暢銷書。

一個繁複的多層級系統，大多數人把注意力集中在位於華盛頓的理事會。聯準會理事會有七個成員，但近來有三個席位懸缺，因此，聯準會理事會是在三或四個成員的情況下運作。

理事會的下一層，是位於美國各地主要經濟中心的十二家地區聯邦準備銀行，包括紐約聯準銀行、波士頓聯準銀行，以及費城、舊金山、達拉斯等聯準銀行。這些地區聯準銀行不屬於美國政府，它們也不是美國政府的機構，而是由各地區的私人銀行擁有。例如，花旗銀行（Citibank）和摩根大通銀行（JPMorgan Chase）都位於紐約地區，因此擁有紐約聯準銀行的股權。

當討論私人所有權時，許多人的反應是其中必然有不可告人的陰謀，但這是聯邦準備系統一九一三年創立以來一直維持的體制。這種私人所有權已廣為人知，並非祕密。

聯邦準備銀行在地區層次是由私人擁有，不過，整個系統的控制權握在理事會手中，聯準銀行總裁由美國總統任命，且必須由美國參議院認可，因此整個系統不同尋常地混合了私人銀行所有權，和政府的監督與控制。

聯準會執行政策的工具

聯準會可以透過公開市場操作，直接控制其所稱的政策利率，也就是聯邦資金利率（federal funds）。公開市場操作包括透過所謂的「初級交易商」（primary dealers）購買和出售美國公債。當聯準會向初級交易商購買公債時，它能憑空創造貨幣來支付。當聯準會出售公債給初級交易商時，交易商支付貨幣給聯準會，然後那些貨幣便被沖銷。就是這麼簡單。

聯準會數十年來都是這麼做，這實際上是聯準會的主要任務之一。公開市場操作，透過紐約聯準銀行的一個交易窗口進行，因此，也讓紐約聯準銀行在整個系統中扮演獨特的角色。

如果紐約聯準銀行希望提高利率，它可以賣空短期公債以緊縮政策。它也可以買進公債，創造貨幣，以達成寬鬆政策，並下降利率的目的。這是公開市場操作例行的功能，且通常利用買賣短期公債，也就是殖利率曲線的「短天期端」，來進行。

聯準會近幾年來的問題是，如何控制較長期的利率？當聯邦資金利率是零，而且無法再下降時，你如何影響中期和長期利率？

有兩個方法可以因應這個問題。第一個是：直接買中期和長期公債。這就是所謂「量化寬鬆」（QE）的做法，是一項由前聯準會主席柏南克構思出來的貨幣政策實驗。它的概念是，如果長期利率降低，投資人將從其他市場追求較高的收益，進而推升股價和房地產價格。股市和房地產價格升高將創造「財富效應」，讓投資人感覺變富有了。基於這種財富效應，投資人將花更多錢消費，因而帶動經濟成長。這套理論大體說來是無稽之談。柏南克的實驗將被後世視為一場重大挫敗。然而，二〇〇八年以來聯準會就是這麼做的。

另一個方法是：利用「前瞻指引」，來引導中期和長期利率下降。前瞻指引包括告訴市場未來短期利率的趨向。投資人已經知道現今和明日的短期利率是接近零，前瞻指引的目的是告訴市場明年、甚至後年的短期利率是多少。聯準會發明像「較長的時期」和「耐心」等用詞，來描述利率政策，以達成前瞻指引的效果。

這種前瞻指引如何影響現今的利率？

當交易商決定現今的十年期公債價格時，他們想到的不是一個長達十年的利率，而是十個一年遠期利率其中一段的現值。實際上他們會累加兩年期間的一年期利率預期、三年期間的一年期利率預期，或更長的期間。因此，當聯準會發表新前瞻指引，說短期利率不只今天和明天會維持低水準，而且一年或兩年後仍會如此時，就會對現今的十年期利率產生直接影響，因為交易商會改變他們計算那個利率的方法。

理論上，前瞻指引對中長期利率會有影響，而直接購買公債也會顯著地影響這些利率。結合兩種方法的目的，是為了降低利率，因為低利率，理論上，能推升前述的資產價格上漲。這是一種操縱、控制和迂迴的方法，但聯準會就是這麼做。它們是工具，聯準會運用前瞻指引和收購長期資產，來促使人們花更多錢。

聯準會說，他們將提出未來短期利率的明確指引，但你如何知道他們說的是實話？你怎麼知道他們不會改變主意？前瞻指引的可信度有多高？問題出在聯準會認為，它可以降低未來利率走向的不確定性，但它做的只是以一個不確定來取代另一個。

只有人們真正相信前瞻指引時，它才可信。然而，想想聯準會從二〇〇八年來採用了十五種不同的政策，我們很難知道現在該相信什麼了。從二〇〇七年到二〇〇八年，聯準會分許多階段把利率降到零，接著它又實施QE1、QE2、QE3和扭轉操作（Operation Twist）。

在二〇一二年，聯準會設定失業率和通貨膨脹率的數字目標，然後，在這些目標證明沒有用處後，又放棄它。聯準會討論過名目GDP目標，並把前瞻指引延長到二〇一一年、二〇一二年、二〇一三年、二〇一四年和二〇一五年。

這不是一個方法嚴謹的實驗。聯準會只是走一步算一步。如果聯準會在七年間採用了十五種政策，那就是「見機行事」的明確證據。為什麼投資人要相信聯準會？前瞻指引和聯準會政策，整體來說已經失敗的理由之一是：聯準會現在已經威信盡失。

名目利率 vs. 實質利率

美元債券市場的實質利率，是影響黃金的美元價格最大的因素之一，但你每天聽到和讀到的利率並非實質利率，而是名目利率。實質利率與名目利率的差別，在於通貨膨脹或通貨緊縮。這個概念很簡單，但卻經常被忽視或誤解。

名目利率，只是你購買一種投資工具時，它實際支付你的利率。如果你買一種新發行的十年期美國公債，票面利率為二％，那麼名目利率就是二％。該債券發行後，名目利率可能隨著市場因素和新發行的債券而變動。在這種情況下，你買的十年期公債價格將跟隨著改變。如果利率上揚，價格將下跌；如果利率降低，價格將上漲。價格變動，導致你在出售該債券時，產生溢價或折價。原始票面利率加上或減去溢價或折價，便產生「到期殖利率」（yield to maturity），也是以名目呈現。不管你注意的是票面利率或到期殖利率，它們都是名目殖利率。

實質利率，就是名目利率減去通貨膨脹率。因此，如果名目利率是五％，通膨率是二%，實質利率就是三%（5-2=3）。當發生通貨緊縮時，這種計算便不是這麼自然了。通縮可以想成是「負通膨」，當你減負數時，必須加上正值來得出結果。因此，如果名目利率是五%，而通縮是二%，那麼實質利率便是七%（5-(-2)=7）。當名目利率是負值時（像瑞士和歐元區的情況），計算還更不自然。例如，如果名目利率是負一%，通縮是二%，那麼實質利率是正一%（-1-(-2)=1）。此處的重點不是上數學課，而是說明名目和實質利率的不同，以及這種不同，在牽涉到負值時可能令人混淆不清。

為什麼這一點對黃金投資人很重要？因為實質利率是黃金之外的替代選擇。如果黃金沒有收益（確實如此），而且如果你能從別的工具賺得低風險的實質報酬率（有時候真的能），那麼這個實質報酬率就代表擁有黃金的機會成本。擁有黃金還有其他成本，例如：儲存、運送、保險和佣金。不過，實質利率往往是最大的一項。即使實質利率很高，你可能基於預期而想擁有黃金，但高實質利率一定會影響大多數投資人的決定。

因此，利率與黃金的關係是直接的。高實質利率對黃金的美元價格不利；

低或負實質利率對黃金的美元價格有利。我們現在的情況如何？奇怪的是，黃金投資人和聯準會現在站在交易的同一邊。兩者都希望實質利率是負的（雖然理由不同）。黃金投資人和聯準會的問題是，實質利率居高不下。聯準會和黃金投資人可能都想要負實質利率，但正如英國搖滾樂手傑克（Mick Jagger）說的：「你無法永遠稱心如意。」

為什麼聯準會想要負實質利率？因為它是貸款的強烈誘因。負實質利率比零利率好，因為通貨膨脹造成你償還的實質債款比借款少。在負實質利率的世界中，對幾乎所有投資計畫和創業家的「動物精神」（凱因斯的名言）都有利。

在負實質利率的世界，事實上黃金可以獲得正報酬。如果你借錢買黃金，而錢的成本為負數，那麼黃金的零收益高於負利率，例如，零大於負一%。像一九七〇年大部分時候發生的負實質利率，對黃金有利。一九七〇年代黃金在不到十年間，從每盎司三十五美元大漲至每盎司八百美元。

聯準會如何達成負實質利率？它透過前述的公開市場操作，對名目利率有一些掌控力，不過負實質利率的關鍵是通貨膨脹。聯準會已用盡手中的所有工具來製造通膨，包括降低利率、量化寬鬆、貨幣戰爭，前瞻指引、名目失業率等措施，但全都失敗。這是因為通膨基本上是貨幣速率或週轉率的結果，而這是一種心理和行為現象。迄今，聯準會一直無法改變儲蓄者和投資人的通縮心理。聯準會嘗試製造負實質利率，問題是一直徒勞無功。

通膨和通縮

對大多數投資人來說，通膨是理所當然。當價格上揚，預期心理很快跟著改變。對房宅、黃金、土地等通膨避險工具的看法，開始不斷自我強化之際，投資人也利用槓桿買進避險資產，推升價格進一步上揚。

通縮則不是那麼自然。從一九三〇年代以來，通縮在美國一直不是嚴重的經濟問題，投資人和儲蓄者對它並不熟悉，且往往不了解它的危險。

現今，通縮背後的力量，包括人口結構、科技、債務和去槓桿。債務的實質價值在通縮時會上漲，導致借款損失。這種損失使銀行自食惡果。由於聯準會的首要任務是紓困銀行，所以會盡一切力量阻止通縮。通縮也傷害政府稅收，因為員工無法獲得加薪，意謂所得稅不會增加。（在通縮時，員工即使不加薪，生活水準仍可能提高，因為生活成本降低了。但政府還想不出對生活成本降低課稅的方法。）

通縮的力量會自我增強。如果你預期某種產品的價格會下跌，你可能延遲購買它的時間。這種延遲會減少短期的需求，導致價格下跌。總需求低迷不振，可能導致裁員、破產以及經濟蕭條。通縮對政府財政是重大威脅，這也是政府會用盡一切辦法阻止通縮的原因。

當前經濟的情勢，最好的描述就是：**一場通縮與通膨的拉鋸戰**。

通縮，是從二〇〇二年到二〇〇七年間，購屋者和信用卡消費者，瘋狂舉債的自然結果，他們累積的龐大債務在二〇〇八年的恐慌中崩潰。通縮就是蕭條必然的現象，就美國來說，也就是二〇〇八年以來的情況。這種通縮又因去槓桿、拋售資產、縮小資產負債表和其他因素，而更趨嚴重。

央行採取促進通縮的政策，主要是印鈔票，希望刺激預期心理的改變，以增進貨幣的流通速度。

實際上，價格指數只呈現微幅改變：一年約一%。這是因為通膨和通縮的力量彼此拉扯，抵消了彼此的力量。

除了對抗通縮外，聯準會必須促成通膨，以避免美國破產。截至寫作本書時，美國的國債超過十八兆美元。這些債務不一定要「全部償還」，但必須能長期持續。債務能否長期維持的考驗，在於名目上的經濟，能不能成長得比債務和利率快。實質成長當然好，但維繫債務不一定需要實質成長，需要的是名目成長，也就是實質成長加上通貨膨脹。由於實質成長很難達成，也由於美國年復一年增加新債務，所以唯一的出路是通膨。當然，通膨對儲蓄者和退休者不利，因為他們的固定收入和銀行存款價值將日益減損。不過，通膨對像美國這種負債國家很有利，因為債務的價值也會減少。通膨是讓債務得以維繫的關鍵。

債務的經濟問題是，債務受到以名目觀點看待債務的法律和合約管理。如果我向你借一美元，我就是欠你一美元。從實質觀點看，這一美元到我償還你時的購買力，可能值一．五美元或五十美分，取決於我償還前的通膨或通縮。不管如何，我就是欠你一美元。

美國欠世界十八兆美元，為了能償還這些債務，我們需要某種程度的名目成長。聯準會希望有實質成長嗎？是的，它希望。但聯準會能接受一個包含了大部分通膨成分的名目成長來取代實質成長嗎？是的，它會接受，如果它只能達成這種結果。如果沒有足夠的實質成長，結果不是通膨就一定是債務違約。不管是兩種情況的哪一種，黃金的美元將上漲，因為黃金是實質貨幣。

從二〇一三年到二〇一五年，美國預算赤字大幅下降，從約一．四兆美元降至約四千億美元。預算赤字大降當然是好事，然而——這才是重點——債務對GDP比率還持續上升，因為還是有赤字，而且名目成長不足以降低這項比率。美國仍然走在和希臘或日本一樣的道路，雖然近年來的腳步已略為放慢。

最後，通膨將贏得這場拉鋸戰，因為聯準會對通縮的容忍度極低，而且通縮的後果極具破壞力。聯準會必須促成通膨，借義大利銀行行長德拉吉（Mario

Draghi）的話來說，它將「用盡一切辦法」來達成通膨。通膨可能需要時間、更多輪印鈔票和前瞻指引，但它終究會達成。這種通膨將導致負實質利率，以及黃金的美元價格大幅上漲。

對抗通膨和通縮的保險

黃金投資人必須了解，我們用來描述利率，和聯準會政策的實質與名目指標，其中存在的差異。黃金投資人在二〇一四年和二〇一五年大失所望，因為當時希臘、烏克蘭和敘利亞，引發金融危機和地緣政治危機，加上中國股市又重挫，黃金的美元價格依然下跌。黃金理應是危機時期的資產「避風港」，所以為什麼金價沒有上漲？

更好的問題是，為什麼金價沒有跌更深？從二〇一四年六月到二〇一六年一月，石油的美元價格下跌超過七〇%，但黃金的美元價格在同一期間幾乎沒有下跌（雖然波動劇烈）。事實上，比起許多主要商品，黃金的美元價格保持得相當穩定。

通縮可能失控，但如果真的發生，導致黃金的名目美元價格進一步下跌也不足為奇。例如，假設黃金在年初每盎司為一二〇〇美元，而那一年的通縮是五%。再假設黃金的美元價格在年底為一一八〇美元。在這種情況下，黃金的名目價格下跌一．七%（從一二〇〇美元跌為一一八〇美元），但黃金的實質價格上漲約三．三美元，因為年底的一一八〇美元，實際的購買力價值，相對於年初，已增加為一二四〇美元。

如果黃金的美元價格更大幅挫跌，很可能其他主要商品的價格和指數也會跌更深。這是高度通縮環境會發生的典型情況。黃金以外的其他商品價格，在極度通縮的世界中，會跌得更深。如果黃金的名目價格下跌，而其他商品的價格跌得更深，那麼黃金以實質來衡量仍然能夠保存財富。

黃金以美元衡量的名目價格可能劇烈波動，但這種劇烈波動與美元的價值比較有關，超過與黃金價值的關係。從歷史來看，黃金在通膨和通縮的情況下，表現向來很好，因為它代表一種真正的價值儲存。

大多數黃金投資人通常能輕易了解，為什麼黃金在通膨環境下表現良好，但為什麼黃金在通縮環境也能表現良好？原因正如前面的討論，是聯準會等央行無法容忍通縮，它們會想盡辦法創造通膨。當一切方法都失敗時，它們永遠可以利用黃金來憑空創造通膨，只要把黃金的美元價格固定在更高的價位，然後其他價格將很快隨著這個較高的黃金價格調整。原因是較高的黃金美元價格，代表美元相對於定量黃金的價值，已經下降，買同樣重量的黃金所需的美元已經增加。美元價值下降就是通膨的定義。政府永遠可以固定黃金的美元價格，以達成它無法藉其他方法達成的通膨。

這正是美國在一九三三年、和英國在一九三一年的做法，當時兩國都貶低貨幣對黃金的價格。一九三三年，美國政府把黃金價格從每盎司二〇．六七美元降至每盎司三五．〇〇美元。當時不是市場推升黃金價格上漲；市場正陷於通縮之中。是政府提高黃金價格以製造通貨膨脹。在一九三三年，美國政府這麼做的原因，不是為了讓黃金上漲，而是想讓所有價格上漲。政府想讓棉花、石油、鋼鐵、小麥和其他商品的價格上漲。藉由貶低美元相對於黃金的價值，政府製造出通膨以便終結通縮。

在現今極度通縮的時期，政府可以片面提高黃金價格，到每盎司三〇〇〇美元或四〇〇〇美元，甚至更高，不是為了獎賞黃金投資人（雖然實際上會），而是想製造一次性的全面大幅通膨。在黃金每盎司四〇〇〇美元的世界，石油價格將暴漲到每桶四〇〇美元、白銀每盎司一〇〇美元，加油站的汽油也將漲到每加侖七美元。這麼大幅度的價格上漲將改變通膨預期，讓通縮立即消失。

當貨幣對黃金貶值時，就能製造這種效果，因為黃金無法反擊。如果美國嘗試降低美元對歐元的匯率，歐元區可能藉貶值歐元來反擊。但是，如果美國藉由提高黃金價格，來貶低美元對黃金的價格，那就是如此。你無法神祕地創造更多黃金來讓金價再度降低。黃金無法在貨幣戰爭中反擊。

因此，我們有兩條途徑通往更高的黃金價格，也就是：通膨和通縮。我們很難預測會走上哪一條路，因為兩個方法的力量都很強。黃金的吸引力在於，它在這兩種世界裡都能保存財富。在通膨中，黃金價格只會像一九七〇年代見過的那樣持續攀升。在通縮中，黃金價格也會上漲，不是靠它本身，而是像一九三〇年代那樣，由政府主導。黃金在每一種投資人的投資組合都應占有一席之地，因為它是少數能在通膨和通縮中都能上漲的資產之一。它是最好的一種保險。

| 第四章 |

黃金恆久不變

瑞卡茲建議投資人：

必須了解金價背後的動力，必須了解操縱如何被運作？

最後結局會如何？以及實體黃金供需的大勢所趨。

了解這些動力可以更清楚看到結局，

即使在金價短期波動不利時，得以堅持擁有黃金的信心。

黃金價格

當人們談到黃金價格「上漲」或「下跌」時，那只是一種參考框架。另一方面，我們可以把黃金想成一種恆常的衡量單位，也就是經濟學家和數學家所稱的計價單位（numéraire）或計價標準。從這種思考，波動的是貨幣而非黃金。如果黃金的美元價格，從每盎司一二〇〇美元漲到一三〇〇美元，大多數人會說黃金「上漲」。我的觀點是，黃金沒有上漲，而是美元下跌。過去，我以一二〇〇美元買一盎司黃金，現在我得花一三〇〇美元買一盎司黃金。我用同樣的錢只能買到較少黃金，因此是美元貶值。

如果你認為美元會升值，你可能不想買黃金。如果你認為美元會貶值，就像我的預期，那麼你一定希望投資組合裡有黃金。

你不必把黃金聯結到其他標準，只要把黃金想成是貨幣。黃金的美元價格就只是美元的相反。如果你把黃金想成「反美元」，你就想對了。**強勢美元意謂弱勢的黃金美元價格；弱勢美元代表強勢的黃金美元價格**。要是你擔心美元走勢——你確實有擔心的好理由——擁有黃金就是明智之舉。

我住在美國，在美國賺錢和花美元，如果我買黃金，我是以美元買黃金。如果我住在日本，並且賺日圓，準備退休靠日圓過活，情況就大不相同。如果日圓兌美元匯率下跌，黃金的日圓價格表現將比美元價格好。假設黃金的美元價格下跌一〇%，但日圓兌美元貶值二〇%，那麼對以日圓計價的投資人來說，黃金實際上是上漲。

要獲得關於黃金的全球觀點，你不僅必須分析黃金的美元價格，**還要注意所有貨幣的交叉匯率**。這在兩年前的印度是個問題。當時印度盧比（rupee）兌美元匯率暴跌，印度黃金銷售逐漸減緩，但原因並非印度人對黃金失去興趣。如果你在黃金的美元價格下跌時支付盧比，黃金的盧比實際上是上漲的。這解釋了何以部分人減少購買黃金的原因。這是一個複雜的世界，但**你必須決定自己的基準貨幣是什麼，然後以那種環境來思考黃金**，而不只是以美元環境看黃金。

有了這種了解後，我給投資人的建議是，當你擁有黃金時，應以黃金的重量，來思考黃金在你投資組合的比率，而不是以黃金的美元價格。別太在意美元價格，因為美元可能很快會崩潰，屆時美元價格將無關緊要，緊要的將是你擁有多少實體黃金。

不過，在實務層面，你每天都會看到黃金的美元價格，而且它的波動很大。這是你要保持你的黃金配置占流動性資產約一〇％的原因。黃金是投資組合中很有吸引力的一部分，但**謹慎地分散投資永遠很重要**。

紙黃金市場 vs. 實體黃金市場

黃金還有另一個令人費解的謎。投資人假設商品價格永遠受到供需法則支配，當觀察全球實體黃金市場時，似乎有大幅度的需求增加，但供給卻未見顯著的成長。為什麼黃金價格未反應這種不匹配？

投資人應該了解，有一個實體黃金市場和一個紙（證券）黃金市場。紙黃金市場由幾種合約組成：紐約商品交易所（COMEX）期貨、指數股票型基金

（ETF）、黃金交換、黃金租賃、遠期合約，以及倫敦金銀市場協會（LBMA）銀行發行的所謂不分配黃金（unallocated gold）所組成。這些衍生性金融商品——期貨、交換合約、ETF、租賃、遠期合約和不分配合約——構成了紙黃金市場。

紙市場的規模可能輕易超過實體市場的一百倍。這表示每一百個自認為擁有黃金的人，有九十九人想法錯誤，只有一個人，在恐慌發生時，可以拿到實體黃金。

只要市場的流動性良好，這種槓桿交易不是問題。只要價格的活動沒有脫序，只要人們願意延展合約，以及只要人們不堅持實體交割，槓桿化的紙系統將運作良好。問題在於許多這種假設即使一開始是正確的，也可能在一夕間消失。**愈來愈多投資人開始要求實體交割**。世界各國的央行也開始要求從英格蘭銀行（BOE）或紐約聯邦準備銀行的保管交割實體黃金。我們已看到委內瑞拉把黃金運回卡拉卡斯（Caracas）、德國把黃金運回法蘭克福，以及像亞塞拜然等小國把黃金運回巴庫（Baku）。

紙市場的基礎是紐約、倫敦，和本身是倫敦金銀市場協會會員的仲介銀行的黃金保管。如果你把放在紐約的實體黃金搬回法蘭克福，將減少紐約可用來供應租賃的浮動供給。因為法蘭克福沒有發展成熟的租賃市場，如果把紐約的黃金運到法蘭克福，將減少可用來軋平紐約的空頭部位的黃金。這若非導致系統的槓桿升高，就是必須在其他地方的實體市場軋平空倉。

在純實體市場上，有幾類明顯的交易在進行。如果你是大型實體黃金買家，將發現你必須直接向煉金廠購買，這表示次級市場沒有賣家。在正常健康的市場中，如果我是買家，而有人是賣家，經紀商將找到我們，從某個人買進而交付給我，並從中賺取佣金。現在的情況是，市場中有買家但只有少數賣家，因此經紀商取得黃金的唯一方法是找上煉金廠。煉金廠的存貨大約可供應五到六週，實體黃金的供應就是如此緊俏。

中國、俄羅斯、伊朗和其他國家的央行，正儘速增加黃金庫存。中國的做法並不透明。二〇一五年七月，中國更新二〇〇九年前次公布的官方黃金準備數字，顯示庫存為一千六百五十八公噸，高於前次公布的一千零五十四公噸。

中國近年來開始每月更新黃金準備數字，以滿足國際貨幣基金的公告要求。但是，中國的數字低得離譜，因為中國擁有龐大黃金準備，國家外匯管理局可能擁有額外的三千公噸以上的黃金，這些黃金全都由人民解放軍實體保管。俄羅斯比較透明，俄羅斯央行每月公告新黃金準備部位，而且沒有證據顯示它像中國那樣擁有大量黃金準備。俄羅斯的黃金準備約一千四百公噸。

俄羅斯可以向國內的金礦生產商購買黃金，因此無須從市場買進。中國急迫地需要如此大量的黃金，即使全球最大的黃金生產商也無法滿足需求，因此中國透過市場買進新庫存。中國暗中使用隱密的操作和軍方的資產買進黃金，以避免透明的市場收購對價格產生影響。

俄羅斯、中國、伊朗、土耳其、約旦等國家，正加快向國際市場收購黃金的速度，這為黃金的全球供應極度緊俏埋下伏筆。不過，極度緊俏的情況可能不會明日就發生，我們不應低估央行和主要國際銀行，持續操縱黃金市場的能力。**如果實體需求不斷增加**（我預期將如此），**最後紙黃金空頭將遭軋空**，倒三角形的紙黃金合約將崩潰。但在同一時候，無疑的**我們正看到金價遭到來自**

紙黃金市場的打壓。

二〇一三年，我在瑞士與世界最大黃金冶煉商之一的一位高級主管見面。他的工廠正卯足全力二十四小時輪三班趕工，工廠生產的所有黃金都被搶購一空，每週大約二十公噸。其中**每週有十公噸賣往中國**，光這一家煉金廠一年總數就達約五百公噸。中國人還想買更多，但他不能賣給他們，因為他還得照顧其他顧客，例如，勞力士（Rolex）和其他長期需要黃金來製作珠寶和手表的客戶。他已經預先售出一年的產量，而且難以找到其他黃金來源。

這家煉金廠從許多來源獲得黃金，通常買進每塊四百盎司的金塊，熔解後把純度從九九．九〇提高到九九．九九，鑄成一公斤的金塊，然後運送給主要是中國的顧客。

倉庫裡的存貨已被買光。GLD（交易代號，參見第二章56頁）的倉庫每隔一段時間就會搬出數百噸黃金；紐約商品交易所的庫存水準，也已接近歷史低點。

我在瑞士也會見一些黃金保管業者，也就是實際運送和保管黃金的保全人員。他們告訴我，**新建的庫存容量遠遠趕不上需求**，他們正與瑞士陸軍洽商收購阿爾卑斯山脈的山區，那裡已被挖空當作軍事基地，裡面有過去瑞士陸軍用來儲藏補給品、彈藥和武器的隧道和房間。瑞士陸軍逐漸放棄部分這些山區，提供它們供保管業者儲藏黃金。這些保全公司負責從瑞士銀行（UBS）、瑞士信貸（Credit Suisse）和德意志銀行（Deutsche Bank）等銀行，運送黃金給像Brink's、Loomis等黃金保管業者。

近來的實體黃金交付經常延遲，因為保管業者和煉金廠無法趕上儲藏和新冶煉黃金的需求。如果實體黃金的供給如此短缺，為什麼近幾年來的金價面對沉重的壓力？答案是：**期貨和不分配黃金的大量放空，持續壓抑價格**。黃金價格起伏不定的情況，反映出實體交易和紙交易之間的拉鋸戰。

當出現拉鋸戰時，價格可能劇烈波動。兩股強大的勢力彼此拉扯，一邊是央行、黃金銀行和避險基金，另一邊則是黃金大買家和散戶投資人。遲早其中有一邊會放棄，或拔河的繩子會斷掉。實體黃金的交付如果出現意料之外的中斷，就可能觸發恐慌性買進，導致金價暴漲。這種中斷的引爆點可能是無法依合約交割黃金、黃金交易所違約，或者某位知名金融家自殺等。這類事件發生的可能性永遠存在。

金價上漲

二〇一四年在前往澳洲的旅途中，我遇見澳洲最大黃金條塊交易商之一的執行長。他說他們銷售最好的月份是在金價劇烈下跌時。當散戶投資人看到金價下跌，他們認為是逢低買進的機會。這位澳洲交易商告訴我說，在金價重挫時，他們的顧客排隊到門外的街上等著買黃金。

我一直建議投資人配置一〇%的可投資資產在黃金上，這個建議的想法是**買進並長期持有，以便在萬一突然發生金融震撼和恐慌時，保存財富**。採用這種策略的人不會緊盯著每日的價格波動，不會把目標放在交易部位以獲取短期利得，而是著眼於長期保存財富。在這種策略下，顯然能趁價格下跌時買進最好，勝過在金價上漲時追價買進。尋找好的入場點是投資的常識。

金價從二〇一一年到二〇一五年持續下跌，讓許多投資人望而生畏，但近來的價格下跌，對投資配置尚未滿一〇%的人來說卻是買進良機。

黃金從二〇一一年的高點下跌有一個簡單的解釋。從二〇一二年開始，美元因為預期和實際的聯準會貨幣緊縮而轉強，這包括二〇一三年五月開始的「減碼談話」（taper talk）、二〇一三年十二月聯準會實際開始減少印鈔票、二〇一五年三月聯準會停止「前瞻指引」，以及以後持續談論提高利率。

在這段期間，歐元從兌一．四〇美元大跌至兌一．〇五美元，日圓也從約兌九〇日圓兌一美元重挫到一二〇日圓兌一美元。全球有超過五十家央行在二〇一五年調降利率，以壓低各自的貨幣兌換美元的匯率。石油、糖、咖啡等許多商品從二〇一四年底到二〇一五年底大幅潰跌。一時之間，通縮和通膨趨緩（disinflation）的勢力占上風。

在人們預期美元會轉強的情況下，黃金的美元價格會下跌。但投資人必須問的問題是：這種情況會持續多久？這就是世界的新趨勢嗎？答案是：絕對不是。美國容許美元升值和其他貨幣貶值的原因是：這些貨幣必須予以協助。日本經濟掙扎於通縮邊緣，歐洲經濟受困於二〇〇七年開始的全球蕭條中，已兩度陷於衰退。**美國容許美元升值、日圓和歐元貶值，以提供這兩個經濟體藉貶值獲得貨幣寬鬆的喘息機會。**

聯準會的失策，在於美國經濟本身不夠強勁，難以承擔強勢美元的成本。聯準會的緊縮導致二〇一三年經濟疲弱，經過貨幣政策效應慣常的落後期後，在二〇一四年底，一些數據中出現通縮的跡象。

如果你很擔心通縮，而且已把利率降到零、印製了數兆美元的鈔票、用盡了所有政策工具，那麼剩下唯一一把通膨注入經濟（聯準會希望如此）的方法就是：讓貨幣貶值。由於聯準會已經走投無路，我預期它將不得不改變策略，回頭再採取貨幣寬鬆，若不是實施更多量化寬鬆，就是貶值美元。這兩個選項對黃金的美元價格都是利多。

操縱黃金

當看到黃金的美元價格在毫無相關消息下大幅下挫時，我們可以合理推斷有人在操縱黃金市場。有許多統計證據、傳聞證據和鑑識證據支持這個結論。操縱黃金不是新鮮事。想想一九六〇年代的倫敦黃金總庫（London Gold Pool），或美國和ＩＭＦ在一九七〇年代末拋售黃金。晚近也有一些證據，包括ＩＭＦ在二〇一〇年出售四百公噸黃金，顯示有意打壓金價。操縱的證據也出現在一些近日的學術研究。操縱是不爭的事實。

如果央行的目標是避免金價出現脫序的波動，央行就只須在黃金價格上漲時操縱市場。如果金價因為通縮等較根本的因素而下跌，那麼希望金價下跌的央行就已得償所願，無須再操縱市場。當金價很強勢且很可能暴漲時，操縱通常緊接著出現。例如，二〇一一年八月金價迅速逼近每盎司二〇〇〇美元時，我們就看到這種操縱。二〇〇〇美元是一個重要的心理關卡，突破後金價可能再漲一大段，因此，央行確實必須採取非常手段以壓低價格。

讓我們看看具體的操縱技巧。

拋售實體黃金

壓抑黃金美元價格最直接、也最明顯的技巧，就是拋售實體黃金。如果你是央行，你會賣黃金。這種方法曾被使用數十年，從一九六〇年代的倫敦黃金總庫開始，布列敦森林系統的會員國包括德、英、美等國家，會輪流在倫敦金市拋售黃金以壓低金價。

這種做法，在一九七〇年尼克森取消金本位制後仍持續不斷。黃金在那十年初始的價格為每盎司三十五美元，尼克森關閉黃金兌換窗口後，金價上升到每盎司約四十二美元。到一九八〇年一月，金價攀抵每盎司八百美元。再從每盎司四十二美元漲到八百美元的路上，美國想盡辦法暗中拋售黃金來壓抑金價。〔這些作為在我的著作《下一波全球貨幣大崩潰》（*The Death of Money*，聯經出版）第九章和第十一章已詳細描述。〕

從一九七四年到一九八〇年間，美國賣出約一千公噸黃金，並促使IMF出售七百公噸，因此，**美國和IMF總共拋售一千七百公噸實體黃金，約占全球所有官方黃金的五%。這些操縱的努力終歸失敗**。儘管在市場拋售實體黃金，黃金的美元價格到一九八〇年一月暴漲至每盎司八百美元。最後美國不得不放棄，任由金價漲到它該漲的價位。

我已經找到，一九七〇年代中期，當時的聯準會主席伯恩斯（Arthur Burns）、美國總統福特（Gerald Ford）和西德總理的機密私人通信（後來已解密），內容都曾描述這種實體黃金操縱。

一直到一九九〇年代末期，這類型操縱仍然不時發生，包括惡名昭彰的「**布朗底部**」（Brown's Bottom），也就是英國首相布朗（Gordon Brown），在一九九九年金價接近過去三十五年最低點時，在市場上拋售了大約三分之二的英國黃金。

瑞士在二〇〇〇年代初期也是黃金的大賣家。因此，長期以來主要金融大國操縱金價的方法就是：拋售實體黃金。問題是，黃金最後總有賣光的一天，英國已經賣到所剩無幾，瑞士仍有相當數量的黃金，但已比過去少很多。美國決定不再出售更多黃金，但很樂於看到其他國家出售。**拋售實體黃金最後總算告終，因為大家發現它不管用**。隨時有人想買黃金，而操縱者的黃金庫存已愈來愈少。**他們開始採用紙黃金操縱**，所以讓我們談談這種做法。

紙黃金操縱

進行紙黃金操縱，最容易的方法是：透過紐約商品交易所期貨。操縱期貨市場易如反掌，你只要等待市場即將收盤時，下一筆大賣單，如此就可以嚇唬其他交易者降低買價，讓他們退卻。於是價格下跌傳遍世界，成為當時的金價，導致投資人縮手和影響市場信心。金價下跌會在觸及避險基金投資部位的「停損點」時，造成它們拋售更多黃金。於是一股自我實現的動力形成，招來更多出售，金價在沒有特定理由的情況下直線滑落，只因為**背後有心人的操縱**。**等到金價會形成底部，買家再度進場**，但傷害已經造成。

期貨市場利用很高的槓桿，往往高到二十比一。只要一千萬美元的保證金，我就能賣出二億美元的紙黃金。我們知道交易所插手和結算哪些經紀商，但市場仍然不透明，因為我們不知道真正的交易者是誰——那些透過經紀商買進或賣出的人。我們不知道最後的顧客是誰，只有經紀商知道，所以透過經紀商加上高槓桿具有匿名性。

紙黃金操縱，也可以透過指數股票型基金（ETF）進行，主要是GLD。利用GLD進行市場操縱較為複雜，GLD ETF實際上是一檔股票，這檔股票是一項投資信託，用你的錢買進黃金，然後放進保管所。如果你看空黃金或價格走勢，你能做的就是賣出你的持股。

事實上，你可以同時往不同方向（買和賣）操作實體黃金和ETF，製造兩個價格間的「價差」（spread）。兩個價格應該會彼此靠攏，但偶爾確實會有價差或套利的機會。

實際操作的情況如下：如果我是一家大銀行，有資格參與GLD交易，而且想找套利機會。我看到實體黃金價格比股票高（股票等於一個特定數量的黃金），於是我放空實體黃金，同時在市場向某位被嚇退的人買進股票。然後我拿股票向這家信託公司兌現，以取得實體黃金。接著我交割實體黃金以補平我的實體黃金空倉，差價則收進口袋。這（幾乎）是零風險的套利。

這種操作的結果之一是：把黃金拿出該ETF的倉庫，導致浮動供給減少。浮動供給是支撐紙黃金交易的黃金。如果黃金放在一家黃金銀行，或GLD或紐約商品交易所的倉庫，它就是浮動供給的一部分，可用來支撐紙黃金交易。一旦黃金運到中國或進入上海的金庫，或進入瑞士的Loomis保管金庫，就不再是浮動供給的一部分。它是總庫存的一部分，但無法用於市場交易，例如：租賃和遠期銷售合約的交易。

重要的是，存放在諾克斯堡、紐約聯準銀行或紐約商品交易所的黃金，可以用來租賃或當作槓桿，只要不被實體出售就好。

中國購買的黃金將有很長的時間不見天日，因為他們準備囤積極大量的黃金。一旦黃金運到中國，將不會重回市面。中國人不在市場炒短線或現買現賣，他們購買大量黃金並準備永久儲存。

把這些市場操作全都納入考量就會發現，紙黃金交易愈來愈多，而支撐這種交易的實體黃金卻愈來愈少。倒金字塔形的紙黃金合約市場，建立在很少量實體黃金的基礎上，而這個基礎，正隨著俄羅斯和中國囤積黃金，而愈來愈小。

避險基金操縱

避險基金現在是黃金市場的重量級參與者，與過去的情況大不相同。黃金所有權分配的形狀，看起來像一具運動槓鈴，在一端是感覺擁有金幣或金塊比較踏實的散戶，另一端則是黃金大戶、主權財富基金和央行。過去你在這兩端中間很難得看到參與的機構，但現今情況已經改觀。避險基金已開始填補散戶和主權黃金投資人間的空檔。

對避險基金來說，黃金可能是很有趣的市場，很符合它們的交易風格，但黃金對它們而言並不特別，只是另一種可交易的商品。在避險基金眼中，這種商品和咖啡豆、黃豆、公債，或任何其他商品，沒有什麼兩樣。

避險基金通常使用所謂的「停損」操作，在建立交易部位時，會預設願意損失的最高限度，來到該價位時便自動賣出部位，不管對黃金的長期觀點如何。有些避險基金可能不抱長期觀點，而只是短線操作。

如果有一家避險基金想從空方操縱黃金市場，它只要丟大筆賣單，把價格壓到特定價位，觸發做多黃金的避險基金的停損點。一旦某家避險基金的停損價位達到後，它便自動賣出，導致價格繼續下跌。當下一家避險基金達到停損價位，它又賣出黃金，價格又再下跌。賣壓不斷蓄積動力，直到所有人開始賣出。

最後價格可能再度回升，許多避險基金將開始買進黃金，然後空方操縱者可以重施故技，反覆地壓低黃金價格。在政府未執行反操縱法規的情況下，黃金持有者應預期這種操縱會持續下去，直到基本面的發展推升金價漲到一個永久的較高價位區。

租賃不分配遠期合約

另一項操縱金價的方法是：透過黃金租賃和不分配遠期合約。「不分配」（Unallocated）是黃金市場的術語之一，當大多數黃金大買家想購買實體黃金時，他們會打電話給摩根大通、滙豐（HSBC）、花旗銀行或其他大型黃金交易商，然後下買單，例如，價值五百萬美元的黃金，以寫作本書時的市價相當於約五千盎司。

交易銀行會說好，把你買黃金的錢匯進來，我們會提供你標準格式的書面合約。但如果你閱讀合約，看到上面寫著你擁有的是「不分配」的黃金，這表示你不能實際擁有特定的金塊，登記在你名下的金塊沒有特定序號。**在實務上，不分配黃金允許銀行，出售相同的實體黃金十次，給十位不同的買主。**

這與部分準備金銀行制（fractional reserve bnaking）沒有兩樣。銀行手中的現金永遠比存款少，存款人以為他們任何時候都可以走進銀行，提領想使用的存款，但是任何銀行家都知道，銀行沒有那麼多現金。銀行會把錢貸放出去或購買證券；銀行是高槓桿的金融機構。如果每個人都同時想提領現金，銀行不可能支付得了。這是為什麼最終的放款人——聯準會——在必要時，可以任意印鈔票的原因。實體黃金市場的情況也一樣，不同的只是沒有最終的借貸黃金對象。

銀行出售的黃金比實際擁有的多，如果每位不分配黃金的持有人同時出現，說「請把我的黃金交給我」，銀行根本沒有足夠的黃金。但大多數人不想要實體黃金，因為持有實體黃金得承擔一些風險、儲藏成本、運送成本和保險成本。他們樂於把黃金放在銀行，**但他們不知道的是，銀行實際上也未持有黃金**。

央行可以把黃金租賃給倫敦金銀市場協會的銀行之一，包括像高盛（Goldman Sachs）、花旗銀行、摩根大通和滙豐等。黃金租賃，通常透過不承擔責任的中間人，也就是國際清算銀行（BIS）。國際清算銀行在過去被用作操縱黃金市場的主要管道，和用來進行央行與商業銀行間的黃金交易。

國際清算銀行可以把它向聯準會租賃的黃金，轉租賃給有倫敦金銀市場協會會員資格的商業銀行。這些商業銀行於是持有一定數量實體黃金的權利，然後，它們在市場上以不分配的方式，出售十倍於這個數量的黃金。因此，你可以看出這些過程牽涉的槓桿，商業銀行可以想賣多少黃金就賣多少，而不須擁有任何實體黃金，只需要租賃合約上的紙黃金權利。

這些都不是臆測。你可以看國際清算銀行的年度報告，查看附註中，揭露與央行和商業銀行的租賃合約交易，確實存在。報告未指名哪些銀行，但這種活動本身被清楚地記載。我們知道有哪些商業銀行，因為它們必須是倫敦金銀市場協會會員；我們也知道有哪些出租黃金的央行，所以無須臆測到底怎麼回事。

總部設在瑞士巴塞爾的國際清算銀行，有一段有趣但興衰起伏的歷史。它創立於一九三〇年，是英格蘭銀行一九二〇年代不斷倡導下的產物。我們把國際清算銀行看成是一間瑞士的樹屋，小孩在沒有人監督和管教的情況下，在這裡玩耍，只要把這些小孩換成沒有人監管的央行。

世界主要央行每個月在巴塞爾開會一次，按央行大小組成不同集團，有一個由多達五十家國際清算銀行會員組成的大集團，還有一個由約七到十個會員組成的核心集團，由相對較少數的央行官員控制。

大集團會舉行幾次會議，但十國組成的核心集團會自行召開閉門會議，自己進行交易。國際清算銀行是世界上最不透明的機構。即使是像中央情報局（CIA）這種機構也偶爾有洩密的問題，但國際清算銀行洩密是聞所未聞的事。國際清算銀行很少在網站上揭露訊息，但他們做了大量你可以取得的技術研究，而且真的有經過稽核的財務報告。不過，他們不會告訴你他們的會議。閉門會議後不會發表會議紀錄，央行官員集會後也不會舉行記者會。國際清算銀行是央行操縱全球金融市場的理想場合，包括黃金市場，因為完全不透明。

多種操縱交互運用

多種操縱可以結合運用，讓我們先從倫敦金銀市場協會銀行的交易商談起。這些交易商看到中國對實體黃金的需求，而倫敦ＧＬＤ的倉庫就有黃金，以下就是他們可以做的事。

首先，在期貨市場打壓金價，嚇唬散戶開始出售GLD股票，造成股票價格下跌。另一方面，投機者看到逢低買進的價位。當散戶拋售GLD股票時，大買家則買進實體黃金。兩股力量拉開了實體黃金和GLD股票間的價差。

接下來，這家倫敦金銀市場協會交易商把實體黃金賣給中國，然後向被嚇壞的散戶買進GLD股票。交易商以股票贖回，取得實體黃金，交付給中國，並賺進差價。因此，一家交易商可以創造自己的需求，創造自己的套利機會，然後從價差獲利。這種操縱套利曾發生在二〇一三年，當時金價出現十二年首見的下跌，GLD倉庫則吐出五百公噸黃金。在操縱過程中，浮動供給減少，大量實體黃金最後流入中國。

誰在幕後操縱？

我們已經探討了操縱如何運作，過去它如何在實體市場進行，以及現今它如何透過紐約商品交易所、ETF、避險基金以及租賃和不分配合約進行。

下一個問題是「為什麼」，和「誰」在幕後操縱？倫敦金銀市場協會銀行進行操縱是為了套利，避險基金則是從市場波動獲利。但這其中是否牽涉更大的政治和政策利益？**全世界有兩大參與者有壓抑金價的強烈誘因**（至少就短期而言）：**一個是美國，另一個是中國**。

依我所見，許多觀察家抱著一個天真的觀點，錯誤地分析聯準會在其中的利益。觀察家假設：聯準會希望壓抑金價，以製造強勢美元的印象。事實上，聯準會想要的是弱勢美元，因為它迫切需要通膨。聯準會不希望美元大跌或崩潰，但美元貶值會促使進口價格上漲，協助聯準會達成通膨目標。美國是淨進口國，美元貶值意謂進口價格上揚，而通膨將滲透美國的供應鏈。

弱勢美元，應該意謂黃金的美元價格上漲，但弱勢美元／強勢金價的假說有兩個限制。第一個限制是，聯準會想要弱勢美元，並不表示一定能得到。其中有許多抵消的力量，包括：人口結構、技術、債務和去槓桿帶來的通縮傾向。

其他抵銷力量還有：其他國家也想要弱勢貨幣，來協助自家的經濟。貨幣戰爭的根本動力是報復。由於兩國無法同時對彼此的貨幣貶值，**日本或歐洲需要弱勢日圓或歐元，意謂美元必須強勢（和黃金弱勢），即使聯準會想要弱勢美元。**不過，長期來看，聯準會不反對採取弱勢美元／強勢黃金的政策。

容許黃金上漲的長期政策有一個條件：金價上漲必須遵循聯準會觀點的秩序，而不能脫序。金價緩慢且穩定上漲對聯準會來說不是問題，聯準會害怕的是：金價一天暴漲每盎司一百美元，且上漲動力似乎日益壯大。當發生這種情況時，聯準會會立即採取控制漲勢的措施。這種措施能否成功仍有待觀察。

二〇一一年七月、八月和九月初期間就是個好例子。當時金價一路飆漲，迅速從每盎司一七〇〇美元漲到一九〇〇美元，並且往二〇〇〇美元挺進。一旦突破每盎司二〇〇〇美元的心理關卡，漲勢可能更加強勁。下一個阻力將是每盎司三〇〇〇美元，顯然不是一個有秩序的過程。

當時的金價走勢正逐漸失控。聯準會操縱市場以壓抑金價，不是希望最後得到較低的價格，而是因為擔心脫序升高。只要金價不漲太高、太快，並改變通膨預期，聯準會完全可以接受有序的漲價。未來聯準會將在認為有必要時，進場操縱金價。

再看看另一個主要市場參與者——中國。中國絕對希望金價下跌，因為它正在買進。這聽來很矛盾——中國擁有大量黃金，為什麼希望金價下跌？原因是它還沒買夠。中國可能需要再買幾千公噸黃金，才能趕上美國。由於中國還想繼續買進，所以希望金價保持在低檔。這給了中國操縱金價的動機。

美國和中國傾向的交互關係，對政策有著有趣的影響。美國財政部相當程度需要順應中國的願望，因為中國擁有數兆美元的美國公債。雖然聯準會和財政部想要通膨來協助管理美國的負債，中國卻擔心通膨會侵蝕所持有的美國公債價值。

如果通膨大幅上揚，中國就有拋售美國公債的誘因，那將推升美國的利率，並打擊美國股市和房宅市場。

聯準會想要通膨和中國想要保護外匯存底之間的妥協，就是讓中國買低價的黃金。在這種妥協下，如果通膨維持在低水準，中國的黃金價值不會增加很多，但它持有的美債準備將可保值。如果美國得到想要的通膨，中國的美債價值將減損，但黃金價值將增加。持有美債和黃金，是中國保護財富的避險部位，即使美國財政部嘗試以通膨摧毀美國儲蓄者的財富。美國儲蓄者的對策是，學中國人的做法——買黃金。

與許多人的揣測相反，**中國買進黃金**，不是為了推出一種金本位制的貨幣，至少短期來說不是，而**是為其美國公債部位避險**。美國財政部必須順應這種做法，否則中國將減少持有的美債部位。

因此，這製造出美國財政部和中國間一種奇怪的休戚與共關係，雙方都同意中國需要更多黃金，且價格不能太高，否則中國將難以買到所需要的黃金。我曾與IMF和聯準會的資深官員討論過這件事，他們證實我的了解，認為全球黃金從西方流向東方的再平衡必須進行，但必須以有秩序的方法進行。

美國容許中國操縱市場，以便中國以較低的價格買更多黃金。聯準會也偶爾操縱市場，以避免黃金上漲秩序失控。這種操縱何時會終了？散戶投資人該如何安度逼近的風暴？

打敗操縱

當聽到金價受到背後各種龐大的力量打壓時——一邊是美國，一邊是中國——散戶投資人如何抵擋這些力量？

常見的傾向是說：「我贏不了這些市場參與者，所以不值得冒參與黃金市場的風險。」短期來看，你贏不了他們的看法是對的，但長期來看，贏家永遠是你，因為操縱有其極限。最後操縱者將賣光實體黃金，或者通膨預期改變將導致價格大漲，連政府也控制不了。勝負要看最後。

歷史顯示，操縱可能持續很長一段時間，但最後終將失敗。一九六〇年代的倫敦黃金總庫最後失敗，一九七〇年代末期美國拋售黃金，以及一九九〇年代和二〇〇〇年代初央行拋售黃金都徒勞無功。金價從一九六八年倫敦黃金總庫失敗前的，每盎司三十五美元，持續上漲到二〇一一年，每盎司一九〇〇美元的歷史高點。現在新形式的操縱持續進行中，但終究它們一定會失敗，金價還會繼續往上漲。

操縱計畫的另一個弱點，出現在透過租賃、避險基金和不分配遠期黃金合約的紙黃金。這些操縱的力量很大，但任何操縱都需要一些實體黃金，數量不多，也許只要所有紙交易的一％，但實體黃金仍然不可或缺。實體黃金也隨著更多國家買進而快速消失，這對可執行的紙黃金交易數量也帶來限制。

以二〇一三年發生的操縱為例，GLD倉庫吐出的五百公噸黃金一直無法填補，到二〇一四年GLD剩餘的黃金只有約八百公噸。如果GLD再吐出五百噸黃金，剩下的黃金將如何支撐其ETF的存活。屆時剩餘的黃金，將少到管理費無法支付保險、倉儲、管理成本和其他開支。

第三個考慮的重點是，中國終究會買到足夠的黃金，使其黃金對GDP比率等同或超過美國的比率。目前中國還未達到，然而等達到時，中國就沒有買更多黃金的政治理由。中國將在下一次舉行布列敦森林式的會議時，擁有足夠的份量，在國際貨幣體系中得以振興其信心。

一旦中國擁有足夠的黃金，美國和中國可以一起，讓金價以有秩序的方式漲到任何價位。通膨可能失控，但中國不會有損失。如果通膨和金價現在就大漲，中國將是大輸家，因為中國還沒有足夠的黃金來為持有美國公債的虧損避險。如果金價大漲、且中國經濟成長比美國快，中國將永遠無法達成，迎頭趕上黃金對GDP比率的目標。

中國正盡全力買進黃金，但由於中國嘗試達成黃金對GDP比率的目標，而且是世界上成長最快的主要經濟體，所以這個目標不斷提高。金價必須在中國買到足夠的黃金前保持低水準。等中國購足黃金，大約達到八千公噸時，美國和中國將可慶祝它們已獲得足夠的保護，屆時，透過黃金美元價格上漲的美元貶值，就可開始進行了。

我給投資人的建議是，我們必須了解金價背後的動力。**投資人必須了解操縱如何運作，最後結局會是如何，以及實體黃金供需的大勢所趨**。了解這些動力讓你可以更清楚看到結局，即使在金價短期波動不利的時候，得以堅持擁有黃金的信心。

| 第五章 |

黃金愈挫愈勇

黃金在動盪時期的韌性已歷經無數次考驗。
黃金無法被入侵，無法以數位方式刪除或抹除，
也無法被病毒感染，因為它是實體的。

金價在二〇一三年到二〇一六年間，四度下跌到每盎司一一五〇美元到一〇五〇美元的價位區，不過每次都反彈回升。黃金的價值在極度不利的環境下始終顯出強韌的特性。許多投資人對金價未能漲得更高感到沮喪，但從整體商品價格的表現，和實質利率隨著通膨下跌而攀升來看，我們應該對金價未繼續下跌感到鼓舞。我們正處於一個通縮當道的世界。金價已數度從底部反彈，展現出相對強勢，這對未來是個好兆頭。

黃金過去曾歷經貨幣崩潰而保持強韌，在未來的崩潰也會如此。這一點在面對一種新而強大的威脅時特別重要：網路金融戰爭。

網路金融戰爭

二〇一三年八月二十二日，那斯達克（Nasdaq）關閉半天。投資人從未聽到對這件事的合理解釋。如果是輕微或技術性的問題，那斯達克一定會告訴我們原因何在。他們會說程式出了一點問題，或工程師更新軟體時出了差錯或安裝發生問題。那斯達克從未提供具體的資訊，只是模糊地提到一個「介面問題」。

為什麼不解釋？那斯達克自己必定知道原因。可能的解釋之一是：當機的原因是邪惡的，可能是犯罪的駭客造成的，更糟的是中國或俄羅斯的網路軍團攻擊。投資人一定也知道，外國的網路戰爭單位，有能力關閉或破壞美國和其他國家的主要股市。

二〇一四年，《彭博商業週刊》（*Bloomberg Businessweek*）登出一篇報導，標題為「駭客入侵那斯達克」。這篇報導所指的事件可以回溯到二〇一〇年，但媒體一直到二〇一四年七月底才報導發生的經過，原因是在聯邦調查局（FBI）、國家安全局（NSA）和國土安全部的協助下，那斯達克終於在它的作業系統找到一個電腦病毒、追蹤它的來源，並斷定是一個攻擊性病毒。放置該病毒的不是犯罪集團，而是**俄羅斯**國家。

這類報導往往由別有目的的官方來源散播給記者。為什麼這篇特定的報導在事件發生四年後才公開？報導並沒有延遲，但為什麼消息來源等了四年？推想之一是：主管官員想了解俄羅斯入侵美國金融交易所的範圍，以便提醒投資人可能發生更糟的情況。它是一個警告。

一般分析師的反應是，我們的駭客一定和對手的駭客一樣優秀；如果俄羅斯駭客可以關閉紐約證交所，我們也能關閉莫斯科證交所。美國確實在網路戰爭上比世界上任何國家強，但想想這種事可能會有什麼發展。

如果俄羅斯關閉紐約證交所，而我們關閉莫斯科證交所，誰是輸家？我們輸，因為**美國的市場比俄羅斯重要得多**。我們市場牽涉的財富和引發的外溢效應，遠為龐大。以俄羅斯的金融地位來看，他們的損失無法相提並論。避免報復和網路戰爭擴大的原因之一是：**結局對美國不利**。俄羅斯總統普亭（Valdimir Putin）知道這一點，而這也是他二〇一四年信心滿滿地入侵克里米亞（Crimea）的原因之一。他很清楚美國不會升高金融戰爭，因為最後我們的損失會比俄羅斯大。

不熟悉冷戰的人可能不知道，當年也有這種避免衝突升高的顧忌。美國擁有足夠完全摧毀俄羅斯（當時稱為蘇聯）的飛彈，俄羅斯也有足夠完全摧毀美國的飛彈。這是高度不穩定的情勢，因為兩國都有先發動攻擊的誘因。如果你先發制人，把對方完全摧毀，你就是贏家。對這種不穩定的反應是打造更多飛彈，有了更多飛彈，就能在撐過第一波攻擊後，還有足夠的飛彈發動第二波攻擊。第二波攻擊將重創先發動戰爭的國家。第二波攻擊的能力才是避免對方先發動飛彈攻擊的原因。

但是，這種考量並不完全適用於金融戰爭。雙方的武器可能對等，但損失並不對等。美國的損失可能大得多。

另一個危險是：意外觸發網路金融戰。如果你要求你的駭客，設計一種關閉紐約證交所的能力，他們必須實際演練，他們必須進行試探。例如，當無意引發金融恐慌的俄羅斯駭客進行試探時，可能意外引發金融恐慌或造成交易所關閉。這是更令人擔心的情況，因為它不需要非理性，而只要一個意外，而且意外總是會發生。

美國軍方的網路司令部和國安局（NSA）有絕佳的網路戰爭嚇阻能力，不過美國在戰略理論方面投入的努力不夠多。只有少數專家如非法金融制裁中心

（Center on Sanctions and Illicit Finance）的薩拉特（Juan Zarate），和戰略與國際研究中心（Center for Strategic and International Studies）的路易士（Jim Lewis），扮演類似一九六〇年代卡恩（Herman Kahn）和季辛吉（Henry Kissinger）發展戰略核武戰爭理論的角色。戰略弱點將升高網路金融戰爭的風險，而這種風險則是另一個擁有黃金的理由，因為黃金不是數位的，無法被駭客入侵或抹除。

放棄美元

雖然放棄美元似乎是很不尋常的政策，但美國政府從二〇一〇年以來實際上已放棄健全美元（sound dollar）。就在那一年的一月，美國結束了從一九八〇年開始實施的健全美元政策，取而代之的是刻意貶低美元，以鼓勵通膨和名目成長的政策。這項政策於二〇〇九年九月匹茲堡舉行的二十國集團（G20）高峰會中擬訂，它的概念是美國為世界最大經濟體，如果美國的成長崩潰，將拖累全世界跟著沉淪。美元貶值是成長的關鍵，因此健全美元遭到拋棄。

貶值美元的策略開啟一場持續至今的貨幣戰。貨幣戰的問題之一是沒有合乎邏輯的結論，就美元的例子來說，世界各地有許多想削弱美元扮演全球準備貨幣的活動，許多美國的貿易夥伴和金融投資夥伴已經喪失對美元的信心，並厭惡美國利用美元的地位來放任逆差增加，然後藉印鈔票來彌補缺口。

例如，二〇一四年美國以違反美國經濟制裁為理由，對法國最大銀行之一法國巴黎銀行（BNP Paribas）處以近九十億美元罰金，在法國引發強烈抗議。違反的行為發生在法國、瑞士和伊朗——完全不在美國管轄範圍——並由法國銀行和伊朗交易對手所為。但因為交易是以美元計價，且那些美元必須流經由聯準會和美國財政部控制的結算系統，所以受美國管轄，雖然從交易本身來看，那些銀行完全不必受制於美國法律。

支持或反對這類起訴案件的人各有不同的說法，但無疑的包括美國盟邦的貿易夥伴受夠了全球美元體系，部分原因就是這種迫害。其結果是，外國銀行正紛紛脫離美元體系。

美元霸權

兩個主權國家間的貿易融資只是一件記帳的事，例如，若甲國輸出產品到乙國，乙國便欠甲國一種貨幣計價的金額，而乙國輸出產品到甲國，甲國便欠乙國另一種貨幣計價的金額，這兩國就可以計算外匯淨額，並以兩國選擇的任何貨幣結算。這就是貿易收支，會定期結算。你可以用美元、棒球卡或瓶蓋來結算。任何雙方同意的計價單位，都可達成這個目的。這表示有許多種貨幣可以當作貿易貨幣。人民幣當然符合這種條件。

貿易貨幣和準備貨幣有一個差異，準備貨幣不只可用來結算貿易收支，還能用來投資貿易順差。要想成為準備貨幣，必須具有深廣、流動的可投資資產池。這是人民幣還達不到真正準備貨幣地位的原因——可投資的資產池還不夠大。

全世界沒有一個市場比得上美國公債市場，可以吸收來自世界貿易和投資的資本流。日本、中國、台灣和少數幾個國家的外匯存底都以兆美元計，所以短期而言，除了美國公債市場，沒有其他高流動性的市場能吸收這些資本流。

了解這一點後，無疑的俄羅斯、中國和其他國家會希望擺脫美元的霸權。它們會希望有一套不是以美元為基礎的體系，但這個目標有重重的障礙。

中國擔心的是，中國三兆二千億美元的準備部位，有二兆美元是美元計價的債券（其餘的為黃金、歐元和其他資產），而它擔心美國準備貶值美元。

俄羅斯想擺脫美元是因為，二〇一五年美國反對它在東歐和中亞擴張的野心，並進行美元和歐元的相關制裁。

沙烏地阿拉伯希望擺脫美元，是因為它感覺美國背叛它。二〇一三年十二月，歐巴馬總統實際上認可伊朗成為波斯灣地區的強權，讓伊朗擁有核子反應爐和進行鈾濃縮計畫。這等同於承認伊朗是該地區的最大強權。沙烏地阿拉伯把這件事視為背叛，特別是背棄了美國與沙國過去幾十年來的祕密協議。

一九七〇年代尼克森和福特兩位總統主政期間，美國和沙國達成石油美元（petrodollar）協議，美國將確保沙國的安全，交換沙國要求石油以美元計價。一旦石油以美元計價，全世界將需要美元，因為人人都需要石油。石油美元協議為確保美元成為全球準備貨幣創造了堅強的基礎。

現今中國、俄羅斯、沙烏地阿拉伯，和所有出口石油、天然氣和製造產品的強國，都有結束美元宰制國際貨幣體系的共同利益。

二〇〇九年，我是五角大廈首度進行金融戰爭演習的設計者和策劃者之一，在我的第一本著作：二〇一一年出版的《下一波全球貨幣大戰》（*Currency War*）中曾談論此事。演習進行時，我扮演中國隊，我的同僚則扮演俄羅斯隊。我們共同設計一套計畫，結合俄羅斯和中國的黃金準備，把它們存在瑞士一家保管所，並從倫敦一家銀行發行一種以那些黃金為擔保的新貨幣。然後，中國和俄羅斯宣布，此後如果想買俄羅斯能源或中國製造產品的人，將收不到美元支付，而改以兩國發行的新貨幣。如果你想要這種新貨幣，可以透過交易、借貸或把黃金存進指定的倫敦銀行（與俄羅斯和中國的黃金放在一起），以取得那種新貨幣。那家銀行將發行以黃金擔保的該貨幣。

因此，突然間，我們有了一個新的金本位，一種俄羅斯和中國支持、並邀請其他國家參與的新貨幣，同時又有使用它的迫切需要，因為你將必須在取得俄羅斯和中國的出口產品中使用它。

我們知道，這個俄羅斯—中國黃金的假想情況，不會立即發生，演習的目的是做一些跳出框架的思考，並協助五角大廈未雨綢繆，和更高瞻遠矚。

當時，我們受到一些也參與演習的經濟學家取笑，這些備受敬重的經濟大師堅稱我們的想法太可笑，說黃金並非國際貨幣體系的一部分。我們被責怪浪費大家的時間。

我們想，沒有關係；我們決定笑著忍受取笑，然後看演習的結果會是如何。不過，從我們設計在二〇〇九年這個假想情況以來，俄羅斯已增加黃金準備一〇〇%，中國也已增加黃金準備好幾倍。換句話說，中國和俄羅斯的做法完全與我們的預測相符。它們看出國際貨幣體系即將崩潰，而且它們藉由取得黃金來預作準備。投資人也該這麼做。

這並不表示，明天早上醒來盧布將變成以黃金擔保的金本位貨幣。我完全不預期這種情況會發生，因為還有太多問題存在，例如：俄羅斯的貪腐、俄羅斯的法治，和缺少一個夠份量的俄羅斯債券市場。短期內，我們不會看到盧布變成一種全球準備貨幣。儘管如此，**俄羅斯和中國正逐漸遠離美元和轉向黃金**。

我們在二〇一四年七月看到這種發展的證據，當時中國和俄羅斯宣布天然氣與石油貿易發展協議。然後俄羅斯又與伊朗宣布一個較小的類似協議，但規模也已經很大。當時伊朗和俄羅斯都面臨美國的經濟制裁，事實伊朗一度被踢出美元支付體系。這尚未發生在俄羅斯身上，但美國偶爾會威脅要這麼做。伊朗和俄羅斯也聯手透過與武器、核子反應爐、黃金和食物有關的協議，嘗試擺脫美元的陷阱。

有趣的是，**俄羅斯同意購買伊朗石油**。這很奇怪，因為俄羅斯是世界最大的石油出口國之一。為什麼本身是主要石油出口國的俄羅斯，要向伊朗購買石油？答案是：最近美國採取的制裁行動，導致伊朗一直無法在公開市場銷售他們生產的石油，因此，如果伊朗賣石油給俄羅斯，俄羅斯就能再出口給中國和其他國家。已遭到美國制裁的俄羅斯，可以扮演伊朗賣給中國石油（也包含在美國的制裁中）的中間人，以免除中國的罪責。

近年來，中國與瑞士簽訂一項外匯交換協議，讓中國可以用人民幣交換取得瑞士法郎。現在，我們開始把這些點連接起來，中國已取得很受歡迎的硬貨幣瑞郎，伊朗正把石油賣給俄羅斯，而俄羅斯可再賣給中國，中國能支付俄羅斯瑞郎，以便俄羅斯透過新成立的金磚五國（BRICS）銀行扮演中間商。**這條商務鏈少了什麼？美元不見的**；其中不牽涉美元。

這些國家正暗中運作以結束美元霸權，而美國似乎渾然不覺。投資人總有一天會驚覺發現，美元正迅速滑落，而他們將不知道原因何在。不過，你已經可以看到這個轉變正在迫近。如果美元因為信心瓦解而崩潰，整個國際貨幣系統也將崩潰。我預測的就是這種結果。

新興市場的角色

當前的美國貨幣政策對新興市場很不利，而這些市場無力對抗這種影響，只能藉提高或降低利率或實施資本管制來因應。這就是市場在「沒有基石的世界」中運作的情況。

聯準會嘗試撇清對新興市場的責任，包括柏南克和葉倫（Janet Yellen）等聯準會官員再三表示，他們的工作專注在提振美國的經濟表現。他們說，聯準會的職責不是擔心新興市場的情況。從聯準會的觀點看，新興市場是貨幣戰爭的附帶損害（collateral damage）。聯準會像一個喝醉的駕駛人撞倒行人，卻怪罪行人擋了路。

例如，聯準會明白地對南非說：「如果你認為自己的貨幣太弱，那就提高利率。」但是，南非如何才能提高利率、又不導致嚴重的失業問題加劇？這些難題對世界許多國家來說都很真切。聯準會的表現欠缺誠意，忽視了美國貨幣政策對世界其他國家的衝擊。

美元仍然是世界最主要的準備貨幣，至少目前仍是。新興市場、金磚五國的外匯存底大部分是美元。美元資本市場比起這些新興國家仍然很大，因此新興市場極容易受到大量熱錢進出影響。

當美元資金因為聯準會的操縱，而流入和流出這些新興市場時，它們可能遭到淹沒。當聯準會支持「高風險」模式時，熱錢便流入新興市場；而當聯準會對利率的立場轉強硬，和世界處於「低風險」模式時，這些熱錢流出的速度可能一樣快。從新興市場的觀點看，美國實際上迫使它們必須採取資本管制。許多這些新興市場的央行，包括：約旦、馬來西亞、菲律賓和越南，近幾年來都增加黃金準備，以做為美元不穩定的避險措施。

聯準會面對的危險之一是：它可能觸發新興市場危機。新興市場不知道何去何從，因為它們仰賴美元。**聯準會正透過利率政策操縱美元，這表示它正間接操縱全世界的每個市場**。

新興市場如此脆弱，所以不難想像，有些這類國家決定實施資本管制。過去二十年來，我們不斷談論全球化和跨國境的資本市場整合，現今，這些市場關係已緊密交織。全球化有漲潮的時候，意謂也有退潮的時候。**只要有任何一個主要新興市場經濟發生嚴重的國際支付或外匯存底危機，情勢就會很快惡化失控**。

這就是一九九七年和一九九八年發生的情況，幾乎造成全球各地的資本市場崩潰。這場崩潰始於泰國，然後擴大到印尼和南韓，最後傳至俄羅斯。俄羅斯的違約進而導致長期資本管理公司（LTCM）倒閉。當時我正在ＬＴＣＭ，因此第一手見證了這場危機。它幾乎使全世界每一個股票和債券市場崩盤，直到聯準會和ＩＭＦ進場干預。這種危機很容易再度發生。

混亂與崩潰

投資人和一般市民知道我們的全球貨幣體系潛伏著動盪不安，我曾聽到世界各地的人都表達這種憂慮。不過，像聯準會、美國財政部和ＩＭＦ中掌握大權的人卻遲遲不肯承認體系中的問題。全球貨幣體系已來到懸崖邊緣，但卻看不到決策圈裡的人，真正了解問題所在，或願意採取對策。

我們距離國際貨幣體系崩潰已愈來愈近。這不表示明天早上就會發生，但確實它很快就會發生。這不是一個十年的預測。可不可能五年就發生？也許。可不可能一年？可能。

我們永遠無法預知崩潰發生的時間，但知道它將發生在一個中期的時間框架裡，而且快到應該現今就採取行動。國際貨幣危機並不表示會自動改變成金本位制，不過那是可能的結果之一，那可能是想恢復信心的必要做法。

如果真的轉變成金本位制，就必須決定黃金的美元價格應該是多少。二十世紀最大的經濟錯誤之一——可能是歷來最大的一個——發生在一九二〇年代各國以錯誤的價格恢復金本位制。各國印製了如此多鈔票，以支應第一次世界大戰的戰爭花費，導致以戰前的價格恢復金本位，引發災難性的通貨緊縮。當時，英國必須緊縮貨幣供給，才能重新建立舊的黃金與貨幣平價，英國應該認清既然已印了許多貨幣，就必須以高很多的黃金定價來恢復金本位。

如果現今要恢復金本位，我們必須避免重蹈一九二〇年代的覆轍。計算的方法很簡單，**現今若要採取不導致通縮的金本位制，必須把金價定在每盎司一萬美元到五萬美元間，視選擇的貨幣供給量、黃金擔保的比率和新體系包括哪些國家而定。**我並非預測或預期每盎司五萬美元的黃金，但我預期如果恢復某種形式的金本位，金價可能會訂在每盎司一萬美元。

如果世界各國採取避免貨幣體系崩潰的措施，我可能改變預測，並根據當局執行明智的政策，而做出我們能避免災難的結論。但事實上，我預測會是相反的發展。我不預期出現明智的政策，而且崩潰將來臨，並導致黃金的美元價格必須大幅提高，以便恢復全球信心。**這不是我為了危言聳聽或吸引媒體注意而編造的數字，而是根據隨手可得的資料所做的直接分析。**

金價在過去一段期間確實劇烈波動，如果你是黃金投資人看到金價下跌一定悶悶不樂，沒有人喜歡金價下跌。我個人看到黃金的美元價格上漲不會得意忘形，看它下跌也不會太悲觀。對我來說，那只是提供我了解背後力量運作的市場資訊。當我看到金價下跌，我一定不會賣出黃金。偶爾我會買進更多，因為我認為價格已很便宜，可能是進場的好時機。

美元貶值，最可能的結果是：基於全球金融體系複雜性，而發生混亂或崩潰。沒有人樂見這種結果，我認為沒有任何國家會刻意製造混亂和崩潰。

然而它將發生，原因是：體系的不穩定力量，沒有能力正確地分析風險，一廂情願的思維、否認、延誤，以及經濟學家運用錯誤的科學。這種分析不足，主要源自某些人性的認知特質。崩潰不是任何人樂見的，但我們還是會發生崩潰，因為像央行首長、財政部長、ＩＭＦ官員和二十國集團領袖這些政策制訂者，誤解了市場風險，並且未採取足夠的措施來改變系統。因此我預測混亂是最可能的結果。

如果你是投資人或投資組合經理人，或者你只是想釐清這整件事，我想你最好不要對崩潰的時間和觸發事件做斷然的預測。我嘗試做的只是辨識我所稱的跡象和警訊（這也是情報分析的工作）。

讓我們做一個說明性的解決問題練習，假設從我現今所在的位置出發有四條路，而我展開一段旅程。我不知道自己走的是什麼路，只能從手邊的片段資料做猜測。不過，沿途會有路標，協助我了解我走的是什麼路。例如，我住在紐約地區，在往波士頓的路上，路邊的餐廳是麥當勞，而在往費城的路上，路邊的餐廳是漢堡王。如果我看到漢堡王，我知道我不是前往波士頓，所以我去除掉這個可能的結果。如果你可以做合理的第一個猜測，正確解讀路標，那就是了解你將前往何處的強力工具。這種技巧可以應用在利率政策和經濟學的其他面向。不管是特別提款權（SDR）或黃金或多重準備貨幣，或某種崩潰，都有強力的分析工具可用來協助做預測性分析和解決問題。

然而，當崩潰發生時，你將看到包含了嚴峻行政命令和帳戶凍結的政策反應。凍結將不限於銀行帳戶，而將包括：共同基金、指數股票型基金和其他常見的投資產品。

崩潰之後，你可能看到恢復金本位，或修改過的以黃金擔保的特別提款權。黃金或SDR是最可能的兩種結果，也許黃金擔保的SDR是最可能的一種。有兩種方式通往這個結果，一種是美好的方式，一種則是醜陋的方式。

達到黃金擔保SDR的美好方式是以理性為之，並對問題深思熟慮。成立特別小組、委員會和技術研究小組以達成共識，然後，與每一個國家磋商實現它所需的政策改變。這就像現今歐元區推動希臘和整體歐元區結構改革的經過。

醜陋的方式就是不管它，任由崩潰發生，然後以法制或行政命令達成它。這是一種更為混亂、成本也更高的方式，而且可能徒勞無功。如果民眾對既有紙幣系統失去信心，當局必須設法恢復信心，如果不是採用新貨幣，例如SDR，就是恢復舊形式的貨幣，也就是黃金。

當銀行關閉時，許多投資人和儲蓄者將虧損不貲，這是現在買黃金的好理由。擁有不存放在銀行的實體黃金，可以避免受到內部紓困（bail-in）影響。不要把所有錢放在銀行，或放在股票和債券等交易部位。你需要銀行有一些錢當作營運資本，但最好也擁有一些放在銀行體系之外的實體黃金。銀行帳戶在下一次危機發生時，將因「內部紓困」和凍結而受害。

內部紓困的可能性

「內部紓困」這個術語指的是，在發生銀行倒閉時，銀行存款戶無法拿回所有的錢。也許有一部分銀行存款有保險，小額帳戶能夠拿回錢。但超過保險額度的較大帳戶，可能被迫轉換成銀行股票，或全部無法取回。這種情形就像銀行的債權人或債券持有人。破產的銀行已經沒有資本，以存款和債券形式存在的負債超過其資產。在沒有錢的情況下，銀行債權人和存款戶被迫接受折價（haircut）清償。

持有債券和存款的人被迫轉換成股票，希望未來某個時候銀行恢復強健，得以提高股票的價值。這並非債權人、存款人和債券持有人所預見的，但總比血本無歸還好。這就是內部紓困，存款人、債權人在違背其意願的情況下，因為內部紓困而轉變成股票持有人。

許多人聽到這種事會大吃一驚，但是，內部紓困，從一九三四年以來，就已經白紙黑字記載在美國的法律上。在一九三四年以前沒有存款保險，如果銀行倒閉，你勢必損失所有存款。

聯邦存款保險公司（FDIC）創立於一九三四年，直到現今。保險的存款金額一直有上限，多年來這個上限逐漸提高，目前是二十五萬美元。這已經是個大數目，絕對足以保障小存款戶。但富裕的個人、有許多儲蓄的退休者、企業帳戶或機構帳戶，在銀行可能有遠超過這個金額的存款。如果你賣出一棟一百萬美元的房子，賣出當天銀行帳戶就可能多出一百萬美元。雖然這筆銀行存款可能不會停留在銀行很久，但你仍然暫時暴露於風險中。雖然大多數人可能不知道，或可能把銀行安全視為理所當然，但超過保險上限的銀行存款確實有風險。

發生在二〇〇八年和後續幾年的銀行倒閉潮，如果沒有政府干預可能更加惡化。當下一波恐慌發生時，會不會再有內部紓困？在美國，有許多監管機構有權做這種決定：聯邦存款保險公司、聯準會、財政部和通貨監理局（OCC）。存款人經常聽到，萬一未來發生崩潰時可能實施內部紓困的警告。銀行崩潰可能導致市場崩潰，或者反過來說，市場崩潰，也可能因為資產價值縮水，而導致銀行崩潰。這就是傳染效應運作的方式，未必是直線的發展。

從一九三〇年代以來，銀行體系未曾出現像現今這麼嚴重的不穩定。在一九八〇年代，美國有許多儲蓄和貸款機構遭關閉，但整體而言存款人受到保護，很少人遭受損失。大多數損失落在債券和股票持有人。一九八〇年代的危機，沒有嚴重到聯邦存款保險公司必須侵害存款人的儲蓄。在聯邦存款保險公司之前，存款人損失是常有的事。美國歷史上各時期都常發生銀行恐慌，重要的是，內部紓困和存款人損失，在美國銀行史上，不是新鮮事，只是近年來沒有發生。

美國銀行史上較新鮮的是，存款人和監管當局的覺醒，原因可能是，看到二〇一三年賽普勒斯和二〇一五年希臘的金融危機。賽普勒斯危機後，包括歐洲和美國的各國監管機構都表示，內部紓困未來將是因應恐慌的選項之一。值得注意的是，在二〇一四年澳洲布里斯本（Brisbane）舉行的二十國集團高峰會，這個選項獲得G20和IMF認可。當下一波銀行恐慌發生，而內部紓困廣泛實施時，銀行存款人將不能說他們沒有料到會發生這種事了。

審慎的人會預先提領存款並買進黃金，他們的財富將因此獲得保障。

徵收和暴利稅

當貨幣體系出現重大危機時，美國政府可以採取徵收黃金，或對美元計算的黃金獲利課徵暴利稅，或雙管齊下的措施。如果你不是美國公民，美國的管轄權將受到限制，但是政府仍可以徵收，存放在美國領土或美國銀行的所有黃金。

位於曼哈頓下城自由街的紐約聯準銀行，存放約六千公噸黃金，這些黃金只有少數屬於美國，而是屬於外國和ＩＭＦ所有，但是，財政部可以徵收這些黃金，來應付緊急的經濟情況。還有約三千公噸黃金放在甘迺迪機場（JFK Airport）附近，另有幾個較大的儲藏地點、包括紐約市三十九街與第五大道交口的滙豐銀行金庫。

美國確實有可能徵收所有黃金，並把所有權轉給美國政府，然後給前擁有者一張收據，告訴他們，如果願意遵守，未來由美國領導的、新國際貨幣體系的新規定，就可以拿回他們的黃金。

徵收儲存在聯準會和其他大金庫的外國黃金，很容易，但徵收個人持有的黃金，將較困難。一九三三年，小羅斯福總統徵收美國人的黃金時，民間對政府十分信任，對經濟則充滿憂慮，人們相信總統知道該怎麼做。許多美國人感覺：如果總統要他們交出黃金，他們應該二話不說交出來。但現今的情況已經改變，人民普遍不信任政府，認為政治人物不知道該怎麼做。現今，如果政府要求交出民間持有的實體黃金，可能發生許多公民不服從（civil disobedience）的事件，因此政府可能連試都不會試。

不過，美國政府可能做的是：透過銀行和交易商課徵暴利稅，並要求強制性的報告。政府可能要求黃金交易商提出：交易報告、現金報告和一〇九九報表，和設立包括聯邦許可規定等資訊來源。政府利用這類資訊，可以對黃金銷售課徵九〇%的暴利稅，甚至對帳面獲利課稅（如此將迫使許多人出售黃金以支付稅金）。

聰明的黃金投資人，將可預見這種情況。對黃金課徵暴利稅，勢必透過行政命令實施，因為國會控制徵稅。這種稅必須立法，但是立法程序緩慢。黃金持有人會事先知道，並有時間做準備。立法可能不通過，因為通常只要少數參議員，就足以阻止立法通過。

比徵收黃金更嚴重的威脅是，凍結四〇一（k）和共同基金。美國政府很可能徵收所有人的四〇一（k），並以政府擔保的年金取代。這種徵收，將把整個確定提撥退休計畫制，轉變成延長社會安全制。在危機發生時，不排除極端的措施，包括：徵收、內部紓困、資產凍結、特別稅、暴利稅，或股票轉換成年金。在比二〇〇八年更嚴重的危機中，你想像得到的徵收措施都是選項。

當情勢危急時，世界各國政府將「採取一切必要的措施」。許多抱著自由市場思維的分析師，現在應該從政府和走投無路的官僚的角度思考。**在政府官員的思維中，政府權力的延續擺第一，個人財富只能擺兩旁。**

分析師以他們從企管學院或經濟課程學到的訊息，並根據理性市場和效率市場的假設來分析政治。但這不是政府的行事方式。碰到危機政府不會坐以待斃，如果經濟遭逢危難，動亂將隨之爆發，人們將要求拿回自己的錢，社會動盪勢必加劇，我們不能排除政府採取法西斯式的反應。

反現金戰爭

除了貨幣戰爭和金融戰爭外，美國也有一種戰爭叫反現金戰爭。這種對自由使用現金權利的攻擊，是我們在經濟不確定期間應該考慮買進實體黃金的另一個原因。

保有現金有許多正當的好理由，你可能經營一家需要現金的事業，你可能希望保有因應緊急事故的現金。如果你和我一樣住在美國東岸，我們很容易遭到颶風和東北風暴侵襲，可能導致數天和數週的停電（例如像桑迪颶風）。當停電時，自動提款機和信用卡讀取機便會停擺，這時候保有一些現金是好事。

儘管如此，我們正經歷和加快轉向數位貨幣，或所謂的無現金社會。有人說：「那又如何？數位化似乎很方便。」我同意。我和數千萬名美國人一樣，使用信用卡和金融卡、PayPal 和 Apple Pay。但數位趨勢有一些重要的影響。

一個完全數位化的系統正在為負利率的經濟鋪路。政府可以假借「負」利率來徵用人民的部分銀行存款，以強迫人民花錢。這時候銀行不支付你利息，反而從你的帳戶提領錢。現金是打敗負利率的好方法。任何持有現金的人到了每一個月結算期結束時，仍會持有相同數量的金額，而不受負利率影響。消滅現金並強迫所有人接受完全數位化的系統，是邁向負利率的第一步。著名的經濟學家桑默斯（Larry Summers）和羅格夫（Kenneth Rogoff）曾倡導這類步驟。

發動反現金戰爭表面上是為了打擊毒梟和恐怖分子。政府當局總是說：「我們想打擊的不是一般市民，而是毒販、恐怖分子、逃稅者等非法歹徒。這是我們不容許擁有現金的原因。」問題是守法的市民一旦表達他們偏愛現金，就被假想成毒販、逃稅者或恐怖分子。

反現金戰爭不只是負利率的序曲，消滅現金也讓實施內部紓困、徵收和凍結帳戶更容易些。若要凍結存款人的錢，把所有人趕到少數超大型銀行（花旗、富國、大通、美國銀行等）會更方便，這些銀行會聽美國政府的命令行事。到了這個地步一切就已就緒。

反現金戰爭，令人想起二十世紀初一九〇〇年到一九一四年間，黃金的遭遇。例如，在一九〇一年於美國購買東西時，你可能從口袋裡掏出一枚二十美元的金幣或銀幣。我記得我小時候二十五美分的錢幣還是銀幣，直到一九六〇年代政府降低錢幣的銀量，加入銅、鋅和其他合金。

當時，政府如何讓人民放棄金幣？銀行慢慢抽出流通中的金幣（就像現今抽出流通中的現金），加以熔解，然後重鑄成每塊四百盎司的金塊。少有人會口袋裡裝著四百盎司的金塊上街。然後政府對人民說：「好，你們可以擁有黃金，但以後不會再有錢幣形式的黃金，而只有金塊形式的黃金。順便告訴你，這些金塊很貴。」這表示你需要很多錢才能擁有金塊，而且你不會帶著它到處跑，你會把它存在銀行金庫。

這是個漸進的過程，而人們似乎沒注意到紙幣已取代了金幣，因為紙幣似乎更方便（就像現今的數位鈔票似乎更方便）。銀行創造了這些四百盎司的金塊，消滅了金幣。到了一九三三年時，持有黃金變成非法，當時還流通的黃金已經不多。以行政命令，徵收銀行金庫裡的金塊，相對容易得多。

同樣的過程正在現今上演。人們接受數位貨幣以取代紙幣，原因是它更方便。等未來紙幣完全從流通中消失後，政府才會開始徵收數位財富。屆時人們將無法追索現金。等人們發現時，一切都已太遲了。

從金幣轉變到黃金擔保的紙幣、到法定貨幣、再到數位貨幣的整個過程，已花了約一百年。這個過程的每個步驟都讓政府更容易徵收你的財富。

現在我們已走完一圈。前面我描述完二十世紀上半葉的反黃金戰爭，而在現今的二十一世紀，我們正經歷「反現金戰爭」。諷刺的是，反現金戰爭的對策是回到黃金，因為現在擁有黃金已經合法。從一九三三年到一九七五年，擁有黃金在美國屬非法（在許多別的國家現在仍是非法）。但現在黃金是可以合法擁有的貨幣形式，你可以購買四百盎司的金塊，也可以買一公斤的金塊，後者比四百盎司金塊更方便，而且你也可以買金幣。美國鑄幣局出售重一盎司的金鷹金幣和水牛金幣，兩種都含一盎司的純金，但金鷹金幣中也添加合金，以增加耐用度。

除了黃金外，同時擁有現金也是明智之舉。不過，這麼做已變得愈來愈難。你可以從向銀行提領五千美元開始，這麼做是合法的，但你必須出示身分證明、填一些表格、回答問題，並向政府申報——可能是一份可疑活動報告書（SAR）。一萬美元以上，必須填一份貨幣交易報告書（CTR）。SAR和CTR背後，有一個自動報告系統，異常訊號，會傳遞給總部設在維吉尼亞州靠近美國情報單位的美國金融犯罪執法網（FinCEN）。如果你要求提領現金，你也許不是毒販，但銀行會以對毒販的方式對你。

現在，想提領大量現金也許已經太遲。反現金戰爭已大致完成，而政府已經獲勝。不過，買黃金仍不會太遲，而實體黃金仍然是儲存財富的好方法，不受其他貨幣被數位化的影響。

回調

另一個黃金的韌性（即使在二〇一一年到二〇一六年金價大幅下跌後）值得稱許的理由，是一種稱為回調（retracement）的典型商品交易模式。

二〇一五年冬季，我在多明尼加共和國停留數天，與知名的投資人、商品交易人和量子基金（Quantum Fund）共同創辦人羅傑斯（Jim Rogers），以及他當時的合夥人索羅斯（George Soros）在一起。

很少投資人像羅傑斯那樣，見識過許多市場的多頭與空頭市場循環。我們見面時，金價大約每盎司一二〇〇美元；後來它跌到每盎司一〇五〇美元。羅傑斯告訴我，他仍然緊抱已經擁有的黃金，但停止在一二〇〇美元以上的價位買進更多。**他正等待他所描述的「五〇%回調」，並說那將是考慮買進更多的訊號**。這種技術性交易方法，並未改變我們對黃金共同的基本面看法，也就是金價終究會再大幅上漲——也許漲到每盎司一萬美元或更高。回調交易的概念，牽涉短期的交易機會，和新投資的進場點，與黃金的基本面觀點較無關。

舉例來說，假如黃金在每盎司二〇〇美元形成底部，就像一九九〇年代末那樣，然後像二〇一一年八月上漲到每盎司一九〇〇美元，那麼五〇%的回調，將使金價回跌到每盎司一〇五〇美元，也就是二〇〇美元和一九〇〇美元的中間點。羅傑斯告訴我，他從未見過一種商品，從低底部上漲到超級尖峰，而不出現五〇%的回調。羅傑斯的結論是，他將從約一〇五〇美元的價位，開始加碼他的黃金部位。

這種價格走勢或波動性並非不尋常，但長期的預測並未改變，因為經濟基本面和貨幣計算仍然一樣。在一個對紙幣失去信心的世界，黃金最後將上漲到至少一盎司一萬美元，很可能更高，因為金價必須很高，才能在恐慌中恢復信心而不導致通縮。如果你相信未來不可能發生恐慌，或對紙幣的信心滿滿，將永遠持續，那麼黃金可能不是你偏愛的貨幣類型。歷史顯示，恐慌和失去信心，只是時間遲早的問題；當它們發生時，黃金就是最安全的價值儲存工具。

雖然投資人擔心金價回跌，這並不意外，但黃金的美元價格，仍有傲人的長期表現——從一九九九年到寫作本書時上漲四五〇%，從一九七一年至今則漲了三〇〇〇%。

小投資人面對的危險之一是：當我們接近金價大漲的時候，取得實體黃金可能愈來愈難。我不懷疑央行、主權財富基金和大型避險基金，有能力買到一些實體黃金，但我們可以預期，到了某個時候，鍊金廠將停止出貨，小交易商勢必無法履行訂單，你將無法如願買到你要的黃金數量，不管價格高低。所以，現在就買進黃金是明智之舉，以免金價開始以失控和脫序的方式大幅攀升時，你只能望金興嘆。

結語

身為二十一世紀的投資人，我不希望我的所有財富都以數位形式儲存。我希望一部分財富是有形的，像是黃金。**人們無法入侵黃金，無法以數位方式刪除或抹除黃金，也無法讓黃金感染病毒，因為它是實體的。**

現今，國際貨幣體系面對貨幣戰爭、網路金融戰爭和反現金戰爭所帶來的動盪下，我預測黃金的美元價格，將在近期的未來繼續大幅上漲。支持這種分析的經濟情勢和條件並未改變，黃金在動盪時期的韌性已歷經無數次考驗。

| 第六章 |

如何購買黃金

我建議：個人資產配置的10%投資在實體黃金。

避免槓桿，並長期持有。

這樣，你就已經準備好可以安度風暴了！

黃金市場

比起股票、債券或商品市場，黃金市場很特別。一方面它的流動性——投資人可以把黃金的投資，配置歸為流動性高的資產。流動性高意謂很容易買賣黃金，且交易對市場影響很小。你的交易不會等待很久，而且很容易找到與你交易的買家或賣家。

另一方面，黃金市場交易清淡。交易清淡意謂黃金交易量相對於總黃金量很小。這一點很特別，因為交易清淡的市場通常流動性低。以黃金來說，市場交易量似乎不大，但就尋找交易對象來說，流動性卻很高。這是一種很特別的組合。

我從未見過有人想賣黃金卻找不到買家出價，或想買卻買不到黃金。但比起全世界的總黃金庫存，實際上交易的實體黃金量卻很少。黃金交易清淡的原因是：大多數黃金持有人——不管是央行或印度的新娘——是長期持有人，不像許多股票和外匯投資人想從短線交易獲利。

這表示，我們現今看到的流動性，可能很快在買進恐慌中乾涸。數百萬人可能突然搶購黃金，但即使金價暴漲，長期持有人會拒絕賣出。通常高價會刺激賣家進場以重建價格均衡，這是我們在學校上經濟課時，就學到的基本供需法則。但是，如果「高價」實際上代表對貨幣的信心崩潰，不管多少紙幣，都無法讓擁金者割愛。高價反而可能讓他們更惜售，而不是比較願意賣出，因為他們將預期全面崩潰的到來。在這時候，只有政府大量拋售黃金，或制訂新黃金價格，才足以阻止「恐慌性買進」。

在真實世界中，哪些事會導致這種恐慌性買進？

中國可能發生信用危機或銀行擠兌。我們已看到中國股市，從二〇一五年中開始崩潰的跡象。**中國的資本帳大體上仍相當封閉，中國的小投資人無法自由地投資海外市場**。一般中國投資人大都在股市和房地產市場虧錢，而中國的銀行又只提供他們微薄的儲蓄存款利息。所以中國投資人該何去何從？買黃金是他們的投資選項之一。

最近，我在香港，與全世界最大銀行兼黃金交易商之一的商品交易部主管會面，他預測中國將出現一波黃金需求熱潮，並可能引發恐慌性搶購。

另一個可能發生的狀況是：某家黃金交易商，未能對大客戶履行合約的交付。紙總是包不住火，當傳出這種違約事件時，對紙黃金的信心可能隨之瓦解，並引發投資人爭先恐後地轉換紙黃金、要求從期貨倉庫和銀行公庫提領實體黃金。這可能觸發其他違約事件，因為實體黃金的數量本來就不夠多。保管業者和交易所開始援引合約中的不可抗力條款，取消它們的交付義務，改以現金交割，但這只會讓恐慌更加惡化，因為投資人發現他們已不可能拿到合約中的黃金，因而轉向實體黃金市場搶購。這種情況將很快惡化，失控成一場更廣泛的搶購恐慌。

從短期技術面看，我預期金價將在一段期間內逐漸上漲，然後漲速將加快，進而出現超級尖峰——也就是我們談到的搶購恐慌。問題在於許多人將搶搭列車，但那時候你可能已經買不到黃金。屆時實體黃金的供應將小到即使以極高的價格也買不到。

因此，投資人問：「我應該在什麼時候買黃金，以免到時候買不到？」

這類問題的答案就在問題裡。如果你問還有多少時間，答案是：你等什麼？你應該現在就買進實體黃金，讓你高枕無憂。別嘗試預測搶購恐慌的時間；等到能看出它時，已經來不及了，小投資人將無法買到實體黃金。屆時的問題不再是價格，而是根本買不到黃金。明智的做法是現在購買黃金，把它存在安全的地方，當搶購恐慌發生時，你已經無須為買進發愁。

如何收購黃金

儲藏

實體黃金的儲存主要取決於你持有的量。你談的是五枚一盎司的金幣，或值一億美元的一公斤金塊？如果你擁有這麼大量的黃金，可能需要第三方的保管人，除非你想花大錢在家裡裝設一個金庫，並安排多重的安全措施。

我對第三方保管人的建議是：**找私人黃金保管公司，而不要存放在銀行。**

原因是銀行受制於許多法規，把黃金儲存在銀行很可能被國家徵收。我預期未來發生金融恐慌時，在美國，會實施資產凍結和徵收，因此，如果存放在非銀行的保管業者，比較可能避免被凍結和徵收。

有一些信譽卓著的私人保管公司。在你做選擇前，務必尋求其他顧客的推薦，並檢查保管公司的保險認證。要確定保險的上限夠高，且保險商是穩健經營的公司。也要考量保管公司已經營運多久。

信譽良好的保管業者會容許你參觀設施，並檢查他們的安全措施與程序。例如，內部的卸貨區，應該與對外的大門呈適當的角度，以免車輛被用來當作衝撞工具，連續破壞兩道門。

我對選擇私人保管公司的建議，與選擇任何類別企業的建議沒有兩樣。**尋找有信譽**、**有長期優良紀錄的**、**備受推崇**，以及**有保險和保證的公司**。別找剛成立、沒有信譽可供查考的保管公司。它們可能是好公司，但你怎麼知道？務必選擇有信譽的老牌公司；Brink's、Loomis和Dunbar在美國都是老牌公司。還有許多信譽和設施俱佳的較小公司，Neptune Global、Worldwide Precious Metals和

Anglo Far-East 提供購買和儲藏服務，讓你直接擁有黃金，但由他們來處理瑣事；例如，對想獲取貴金屬的報酬率、但波動性比黃金低的人，Neptune Gobal 提供一種包含特定比率的黃金、白銀與白金的組合投資。

另一個不必自己處理保管細節，而能擁有實體黃金的方法是：投資提供安全運送和立即贖回現金或黃金服務的**黃金基金**。理論上，你將擁有基金的投資單位，而非黃金本身。但這種基金不同於ＥＴＦ、期貨或倫敦金銀市場協會的不分配合約。我推薦的這種基金擁有完全分配的黃金，而且在你要求贖回投資單位的次日，就會運交黃金給你。我為這個目的推薦的兩家基金是：Physical Gold Fund 和 Sprott。

在管轄權的考量上，必須權衡利弊得失。許多投資人辯論瑞士、新加坡、杜拜和其他地點的優劣，大多數人排除美國，因為美國被認為是最可能徵收黃金的國家（過去曾徵收過）。

問題是，你最需要黃金的時候，就是社會情勢變化最快的時候。這時可能發生動亂和電力網停擺。如果你住在美國，如何到瑞士提領你的黃金？一些富有的朋友告訴我，他們將搭乘自己的私人飛機，但這忽略了當停電時你可能無法為飛機添加汽油，和加油站可能停止運作。瑞士短期內可能很安全（確實如此），但長期來看，如果發生運輸網絡和社會秩序癱瘓，可能不是切合實際的管轄地。

災難計畫錯綜複雜，你不能只預期一、兩種壞事可能發生，而必須全盤考慮你的處境。

持有大量黃金者的明智之舉是：把部分黃金存放在瑞士的非銀行金庫（以規避美國的徵收），並儲存部分黃金在本國（以提供萬一無法前往瑞士時的準備）。**如果你持有的黃金數量不多，離住家不遠的非銀行保管公司是最佳選擇。**

德州正在興建一座非銀行體系的黃金儲藏所。德州將援引州主權和美國憲法第十修正案，抗拒聯邦政府徵收黃金。這絕對是值得考慮的一個選項。從美國大陸任何地方開車到那裡只要一、兩天路程。在極端的情況下，你應該能開車到德州，提領你的黃金，然後在高速公路關閉前開車回家。如果高速公路阻塞，就騎摩托車。

如果是不考量交通的災難計畫，我偏愛的黃金儲藏管轄地是瑞士。美國公民根本別考慮在瑞士開銀行帳戶，即使你完全合法並履行報告義務，在瑞士開銀行帳戶會引來繁複的政府監視和懷疑。此外，近年來瑞士銀行真的也不想招攬美國人的業務，理由和前述相同。但非銀行保管公司的實體黃金儲存帳戶，並非銀行帳戶，它們也不會產生收益，因此無須考量所得稅。美國公民應該能使用這類儲存帳戶。

不過，美國公民可能想存放在離家較近的地方。這取決於你擁有多少黃金。如果你有二十枚一盎司的金幣——約值二萬五千美元——你未必要存放在瑞士金庫。如果是大量黃金，例如，四百盎司或一公斤的金條，我一定會考慮瑞士。瑞士的法治完備、政治穩定、中立、有良好的基礎設施，和訓練精良的軍隊，過去五百多年來從未被成功入侵。

新加坡在法治的管轄地和政治穩定上，有媲美瑞士的優點，但鄰國的條件卻不甚理想。泰國和馬來西亞經常政治動盪，且新加坡與共產中國距離太近。澳洲是另一個好選項，但位置相對太偏遠（如果你住在澳洲，澳洲當然是理想地點）。

二○一三年，我走訪瑞士蘇黎世 Physical Gold Fund 儲存其黃金的金庫。我與該基金的代表和該基金的審計公司安永（Ernst & Young）的兩位合夥人同行，一起巡視和稽核該基金為投資人保管的黃金。

這家黃金保管公司，用堆高機把放在棧板上的黃金運出來，放在一座貨架上供我們檢視。金庫員工剪斷裝黃金木箱的封條，打開木箱蓋子。我們看到箱子的金塊上有序號、日期、鍊金廠標章、試金章和顯示重量和純度的數字。審計者核對他們的帳簿與實際的金塊，確認所有存放黃金都在。這是讓我大開眼界的過程。遺憾的是，美國政府對其持有的黃金透明化的程度，比不上這家私人基金。

這家金庫的情況看起來活像偵探小說的描述。例如，金庫有幾個對外的車庫門，可以讓武裝車進來。你可能暗自想，我能不能開一輛衝撞車，衝破大門，闖入金庫？不過，這道對外的門裡面還有一扇門，他們會等關上第一道門後，才開啟第二道門。你開車進入第二道門內的裝卸區時，可以看到前面有強化鋼製作的柵欄，所以如果你嘗試衝撞，也不可能衝很遠。他們在呈九十度轉角的地方裝卸黃金，因此，任何想衝撞的汽車很快會撞上牆壁。

即便在這裡，也只是剛開始進入金庫。黃金儲存在一個特別的區域，有一扇緊密的鋼門阻隔，有專人把金塊運出來。到處都有安全攝影機、動作感應器和蛇形圈刺網——帶著刃刺的鐵絲網——當然還有防彈布、防彈玻璃、武裝警衛和重重的安全措施。你很難想像還有比這更安全的地方了。

我們與金庫主管見面，並獲得許多寶貴的資訊。他們目睹銀行的庫存黃金穩定地流入私人金庫。理論上，銀行黃金庫存和私人金庫，從某個角度看一樣安全，但重點不在這裡。重點在於：銀行受到世界各國政府的嚴密監管，儲存在銀行的黃金，可能遭到這些政府的徵收——至少更容易被徵收。

銀行可能倒閉，你要求取得銀行黃金的權利，可能受阻於法院程序。你的黃金也可能被「內部紓困」，正如賽普勒斯的例子，或者你的黃金可能被視為未擔保資產，用來重建銀行的資本。你甚至可能拿到毫無價值的銀行股票，而非你初始買的黃金。如果存放在私人金庫，你不會碰到這些問題。基於這些隱憂，私人金庫業者供不應求，必須不斷興建新金庫。

我們繼續參觀瑞士最大的一家鍊金廠，也聽到相同的描述。這讓我們有機會親自看到鍊金廠內部的運作，並聽到高級主管極有建設性的意見和看法。現今，他們的鍊金程序大部分已自動化，而且全年無休地利用最大的產能。儘管做了各種努力，他們仍然無法滿足所有需求。

在鍊金廠大量製造純金的情況下，他們如何取得供冶鍊的黃金？這有三個主要來源：一個是半精鍊的黃金，即粗金錠（doré），也就是來自礦場的八〇%純度黃金；另一種是舊金（scrap），來自珠寶、項鍊、手鐲、手表和其他金製品的各種來源；還有就是轉鑄成小金塊的大金塊。這些從倫敦金銀市場協會運送來的四百盎司金塊，大多被轉變成中國人的一公斤規格。

鍊金廠從鎔鑄四百盎司金塊成一公斤金塊，獲得許多生意。鍊金廠也把黃金純度從九九．五〇提高到九九．九九%。這種純度在業界被稱為「四個九」（four nines），是中國人要求的鍊金標準。

事實上，中國正擺脫倫敦金銀市場協會的標準，在世界市場重新定義「合格交割」（good delivery）。中國在上海黃金交易所、上海期貨交易所的黃金合約，以及自己的鍊金廠、自己的規格上都正在這麼做。上海已變成世界黃金市場的中心，把倫敦拋在後面。

黃金礦業股

我們已談過實體黃金以及ETF、期貨合約等衍生性金融商品紙黃金，但黃金在股市也有其代表，其形式為黃金礦業股。

我研究、寫作、演講過許多有關黃金的事，但我涉入黃金領域幾乎總是與實體黃金、衍生性商品和利用黃金作為貨幣資產有關。我不以礦業股的專家自居；我不是選股專家。我不是傳統定義的股票分析師；**我是一位全球總體分析師。我從貨幣的角度思考黃金**。不過，現今的資本市場如此交互影響，使總體對個體的影響遠超過以往。這是我提供對礦業股觀點的基礎。

黃金礦業股相當程度會跟隨黃金走勢，但它們的波動還更劇烈。傳統上，黃金礦業股被描述為：對實體黃金的槓桿投資工具，這有許多技術性的理由，與固定成本和變動成本間的差別有關，但基本上當金價上漲時，礦業股漲幅還更大。當金價下跌時，礦業股可能下跌更快。**黃金礦業股就像「吃了類固醇的黃金」**。

黃金本身的波動已經夠大，大多數投資人，不會有胃口藉由買賣黃金礦業股，來提高隱含的槓桿。如果你想槓桿操作你的黃金部位，可以利用保證金操作紐約商品交易所的黃金期貨，或買ETF來獲得很高的槓桿。購買黃金礦業股，也可以用這個觀點來看待。

當然，黃金礦業股被視為是一種特別的資產類別，是因為各家礦商都有獨特性。換句話說，礦商不像期貨或指數那樣每家都相同。每一家礦業公司，在礦石品質、管理能力、財務和其他各不相同的因素，都具有獨特性。

投資黃金礦業公司的問題之一是，許多投資人不區別礦業公司的獨特性，而一視同仁看待它們。他們說「我投資礦業公司」，好像它們都相同。其實不然。

有些黃金礦業商，有健全的管理、信譽卓著，且資本充實。它們有悠久的歷史，而且人們預期它們會持續存在很久。但有些公司是投機商，有些則是騙局。

身為投資人，你如何區別騙局和穩健經營的公司？你可以做得到，但可能得下很多功夫。你可能得與管理階層會談、參觀礦場，閱讀財務報告（包括附註）、參加投資人會議，並傾聽管理階層報告。基本上，你必須是一位股票分析師，而這正是我所受的訓練，但我通常不做這種分析，因為這個領域不是我的專長。

有一些專家對黃金礦業商進行深入的研究，例如，海瑟威（John Hathaway）和他在 Tocqueville 黃金基金的同僚，以及凱西（Doug Casey）和他在 Casey Research 的團隊。

我偏好實體黃金本身。如果你想成為黃金礦業股的投資人，我建議只投資大型股和精心挑選的中型股黃金礦業商，因為小型和新創的礦商大多經營不善。我們都知道這類公司的股價都慘遭打擊，有許多從高點下跌了九五％。有人說，既然跌幅這麼深，豈不是揀便宜的機會？不過，還有更便宜的機會，就是等它們破產後。一些私募有限合夥公司、整併業者和較大的礦商，會等待小業者破產時，精挑細選以低價買進最好的資產。

銀行和大礦商的做法並非想幫助小礦商。投資人往往認為自己可以「逢低買進」，然後趁高點賣出。有時候你辦得到，但聰明的投資人——大礦商和像高盛（Goldman Sachs）這類掠食者——寧可看到小礦商破產並拍賣他們的資產。做為一家申請破產小礦商的等待清算股票持有人，你可以預期什麼也拿不到。

黃金缺少與股票市場的連動性

許多投資人把股票視為黃金的替代投資工具。他們的觀點是，當時機好時——也就是強勁的經濟成長、低失業率和物價穩定時——他們偏好股票勝於黃金。但當情勢變糟，通膨失去控制或經濟高度不確定時，他們偏好賣出股票，並逃避到像黃金這類避風港。

事實上，一些投資人甚至建議我在股票崩潰前打電話給他們，以便他們在最恰當的時機賣出股票，並買進黃金。

當然，這種方法不切實際；我無法預知哪一天。我確實預期崩潰到來的規模和後果，這場崩潰很可能比預期來得快，也許是幾個月或一、兩年後。我們不太可能再撐過五年，而不發生嚴重的金融恐慌。不管崩潰的確切時間如何，現在就是準備因應的時候。我不會比你更快知道哪個時間，但我正盡我所能做好準備。

在恐慌發生前，黃金與股市不會有特定的連動關係。有時候股票和黃金會一起上漲（這在通膨初期階段可能發生），有時候黃金上漲時股票下跌（在恐慌或通膨最後階段時）。大多時候，會出現黃金下跌而股票上漲（在經濟強勁和正實質利率時）。最後，黃金和股票也可能同時下跌（在通縮時）。簡單地說，黃金和股票在不同的情況下，會朝不同的方向發展，長期來看，兩者之間沒有連動性。

例如，我們可能看到名目經濟成長加速，通膨開始上揚。在這種情況下，股票和黃金會連袂上漲，因為股市投資人會看到通膨帶來的營收增加，而黃金投資人會為了避險而買進黃金，唯恐通膨會惡化。

另一方面，如果通膨失控而聯準會落後這個曲線，通膨開始摧毀資本形成和大多數形式的財富，這可能導致停滯性通膨（stagflation），造成沒有實質成長卻有通膨，類似一九七五年到一九七九年的情況。在這種世界中，我們將看到黃金因為基本面因素而上漲。

因此，我預期股票和黃金不會出現連動性。兩者在一個審慎選擇的投資組合裡都有它們的地位。舉例來說，我為幾家投資組合中有配置股票的避險基金和另類投資公司提供建議。這些基金包括一多空股票基金（long-short equity fund），和全球總體基金（global macro funds），他們在幾個類股根據市場走勢押注。

投資有扎實硬資產的股票當然沒有問題，例如，巴菲特收購鐵路、石油和天然氣資產。巴菲特是一流的股票投資人，他購買的公司都擁有硬資產，例如，能源、運輸和土地，而且這些股票在通貨膨脹的環境中應該都能表現良好。正確的投資組合是有適宜組合的資產，包括約一〇%是黃金。

平衡投資組合中的黃金

儘管黃金的名目美元價格劇烈波動和回檔，我對金價的中期預測並未改變。黃金終究會朝向每盎司一萬美元邁進。這必然發生是因為：央行若不是成功地引導通膨，就是失敗並把黃金當成最終的通膨計算標準（正如一九三三年小羅斯福的做法）。不管兩種情況的哪一種，央行最後將獲得長久維持債務水準所需的通貨膨脹。這種情況被前聯邦準備銀行總裁密希金（Rick Mishkin）描述為「財政主導」（fiscal dominance）。

在通膨和財政主導的世界中，可能需要一個新的金本位或至少與黃金連動的貨幣系統，這時候，央行必須利用黃金，來製造通貨膨脹，或重建通縮失控後的信心。

黃金的隱含價格計算很簡單，就是紙幣對全世界的官方實體黃金的比率。官方的黃金庫存和官方的貨幣供給都是已知的數字（除了中國未公布的黃金庫存以外）。

這時候需要做一些假設。例如，哪些國家將包含在一個新金本位制中？貨幣供給應該如何定義（例如M0、M1、M2等）？需要多高的黃金對貨幣比率才能維持新金本位系統的信心（例如二〇%、四〇%等）？在蒐集資料並做出這些假設後，計算就很單純。以不引發通縮的一萬美元金價為指標，是假設美國、歐元區和中國將包括在系統之內，同時M1和四〇%的黃金擔保，將是貨幣與黃金的合宜標準。其他假設將產生不同的結果——如果以M2貨幣供給和一〇〇%黃金擔保為標準，金價可能高達每盎司五萬美元。我們還不到這個地步——可能還要幾年時間——但這是我預測的方向。不管如何，這可能是一個充滿折磨的過程。

另一方面，黃金投資人應遵循幾個原則。以美元計價的黃金波動很大，所以我建議在投資黃金時不利用槓桿。如果你借錢投資、使用保證金或投資期貨或選擇權市場，你就是利用會放大基本波動性的槓桿。黃金本身的波動已經夠大，不須再增加額外的波動。

其次，我一直建議保守的配置——**對大多數投資人來說，一〇%的可投資**

資產就已足夠；對更積極的投資人或許是一五％到二〇％。我從未說過、而且現在也不會說，你應該賣出整個投資組合，然後買進黃金。我不相信一〇〇％投資一種資產類別會是好投資。

比較而言，全世界的機構投資人配置的黃金只有約一．五％。即使你把我保守的一〇％建議減半成五％，也是機構持有黃金的三倍多。

一〇％的配置指的是占你的可投資資產——你投資組合中的高流動部分——的比率。你應該把你的首要住宅和你的事業股權，排除在可投資資產外。也許你擁有一家餐廳、乾洗店或披薩店，或你是一位汽車經銷商、醫師或牙醫師。凡是與你營生有關的資本，都不應該包括在「可投資資產」裡。同樣的原則適用於住宅財產。扣除事業和住宅所剩的就是你的可投資資產，而我建議把這些資產的一〇％投資在黃金。

如果你的黃金投資配置有一〇％，而它的價值損失二〇％，那麼你的投資組合只損失二％，還稱不上血本無歸。不過，如果它上漲五〇〇％，那麼你這一〇％的配置會帶來很可觀的獲利——你從一項投資可為整個組合獲取五〇％

的利得。我建議一〇%的配置，是因為與潛在上漲與下跌對稱。如果以這些簡單的原則為指南——**買實體黃金、避免槓桿，並把黃金配置訂在一〇%——你就已經準備好可以安度風暴**。

另一個重要的建議是**專注在長期**，別為每天的黃金美元價格分心。我們已經知道金價起伏劇烈。更重要的是，美元本身才是有危險的資產，不是黃金。一旦對美元本身的信心崩潰，黃金的美元價格，在特定日子的「上漲」或「下跌」，就已無關緊要。屆時將沒有人在乎美元——他們都只想要實體黃金。

| 結語 |

未雨綢繆，做好保護財富措施

瑞卡茲的最佳建議是：
趁現在買得到實體黃金時，
買進你的資產配置比率黃金，
然後耐心等待，高枕無憂地安度危機。

我研究資本市場系統風險的模式，指向可怕的事件，包括：國際貨幣體系，在不久的未來將崩潰。不過，我們並非完全無助，我們不一定要成為受害者。我們可以看到崩潰即將到來，並預先採取保護財富的措施。

極端事件發生時，投資人總有可以採取的行動，總有特定的資產類別可以在惡劣情勢中欣欣向榮，特別是黃金。首先，有些投資策略可供採用，以便在亂局中保存財富，甚至反而增加財富。巴菲特等投資人，數十年來已經這麼做，而中國人現在正大舉買進黃金。

我透過複雜理論的透鏡評估風險，並使用以逆概率（inverse probability）為基礎的數學模型來估測事件。最重要的複雜理論標準是規模（scale）？什麼是系統的規模？規模這個術語，用以描述系統大小和其密度函數（或特定大小下的連結度）的組合。

處於臨界狀態的複雜系統可能發生的極端事件，就是一個規模的指數函數（exponential function）。這表示，如果你把系統規模增加一倍，你提高的風險將不只一倍。提高的風險可能是增加規模的好幾倍。

從二〇〇八年以來，銀行大舉擴增金融體系的規模，而監管機構卻視而不見。二〇〇八年「大到不能倒」的銀行，現在變得更大，它們的衍生性金融商品交易規模，也比二〇〇八年大得多。

這無異於派遣美國陸軍工兵部隊，去擴大聖安德列斯斷層（San Andreas Fault）。我們知道聖安德列斯斷層隱藏地震的風險，極度強烈的地震可能發生。我們不知道下一次大地震的時間點，但沒有人會認為擴大斷層是個好主意。

這就是我們在金融業做的事——透過容許銀行變更大、讓衍生性金融商品變更多，以及讓金融資產更集中在少數人手中，來擴大斷層。

只把這類規模和密度投入（input）複雜系統，就能輕易看出，下一場金融崩潰，將比二〇〇八年的恐慌，呈現指數性的擴大，因為發生崩潰的系統已經大很多。監管當局並不了解他們監管的金融系統的風險特性，他們使用的平衡模型有缺陷，是以一般風險分布為基礎，也缺少驗證支撐。監管當局的風險管理工具已經落伍。

我給投資人的建議很簡單，就是買黃金——但不用買太多。如果我錯了，小配置不會讓你受傷。如果我對了，你的財富將獲得保障。

為什麼你不應該全部押注？為什麼你不應該把五〇％或一〇〇％的投資組合押在黃金上？原因是，把所有雞蛋放在一個籃子裡，永遠不是好主意。黃金的波動很劇烈，所以，你應該把其他資產納入投資組合中，例如：現金，如此才能降低波動。此外，有些資產也像黃金一樣能夠保存財富。藝術品、土地與黃金一樣有許多保值的特性，能在投資組合中用來分散風險。

現今配置約一．五％的投資機構，只要把配置提高到五％（低於我建議的比率），全世界目前可買到的黃金，將遠遠無法填補這項需求。這證明了當今的系統有多脆弱，以及只要有一點變化，就可能輕易讓金價開始飆漲。

金價飆漲不須發生世界末日般的大事，只要潛在黃金購買人的行為和認知發生微小的改變，金價就可以直上雲霄。一旦金價開始飆升，觸發反饋式的循環，搶購黃金的狂熱將一發不可收拾。

我不是在預測明日的金價，明日的金價可能上漲或下跌。我在尋找未來幾年的趨勢，以形成下一波恐慌將如何發生的評估。我知道等崩潰來臨時，交易大戶將搶進所有可得的黃金。投資機構、央行、避險基金和與煉金廠有關係的顧客，將搶光所有黃金。投資散戶將發現他們買不到任何黃金。

你所在地的交易商將無貨可賣，積壓大量訂單。鑄幣廠將停止接單。另一方面，價格將出現何種情況？一盎司的金價將每天上漲超過一〇〇美元，每週上漲超過一〇〇〇美元。你已經追趕不上。你想要黃金，但買不到。這正是搶購恐慌的情況。

恐慌，是現今各種力量演變很可能出現的結果。我給你的最佳建議是：趁現在買得到時，依你個人的能力，買進一些黃金，然後耐心等待，高枕無憂。**配置一〇%的流動資產在黃金上，將它放在安全的地方，然後靜觀其變。**你未來看到的崩潰可能很醜陋，但你的財富將不受影響。

感謝

本書始於一系列的線上語音訪問，經過抄寫、編輯和改寫，最後形成你閱讀的這本書的書稿內容。很感謝訪問贊助者 Physical Gold Fund 及其主管與同僚——Alex Stanczyk、Simon Heapes、Nestor Castillero 和 Philip Judge——如果不是他們的支持，這本書不可能誕生。

訪談需要穿針引線者，而本書的訪問若不是 Jon Ward 擔任我的思緒激發夥伴，我不可能做到完美。不是所有訪談都能做得一樣好，根據我的經驗，好問題才能激發好回答，而 Jon 的問題都經過仔細建構和深思熟慮。沒有他技巧高超的詢問，我們不可能有書中系列訪問的內容，當然也不會有這本書。

和以往一樣，感激我的超級經紀人 Melissa Flashman、出版人 Adrian Zackheim，他們從我寫第一本書《下一波全球貨幣大戰》以來，對我的寫作始終支持不渝。他們是我寫作的信心，和靈感持續不斷的來源。

全球視野75

下一波全球新貨幣：黃金

2017年5月初版 定價：新臺幣350元

著者	James Rickards
譯者	吳國卿
總編輯	胡金倫
總經理	羅國俊
發行人	林載爵

出版者	聯經出版事業股份有限公司
地址	台北市基隆路一段180號4樓
編輯部地址	台北市基隆路一段180號4樓
叢書主編電話	(02)87876242轉223
台北聯經書房	台北市新生南路三段94號
電話	(02)23620308
台中分公司	台中市北區崇德路一段198號
暨門市電話	(04)22312023
台中電子信箱	e-mail：linking2@ms42.hinet.net
郵政劃撥	帳戶第0100559-3號
郵撥電話	(02)23620308
印刷者	文聯彩色製版印刷有限公司
總經銷	聯合發行股份有限公司
發行所	新北市新店區寶橋路235巷6弄6號2樓
電話	(02)29178022

叢書主編	鄒恆月
叢書編輯	王盈婷
封面設計	黃聖文
內文排版	陳玫稜

行政院新聞局出版事業登記證局版臺業字第0130號

本書如有缺頁，破損，倒裝請寄回台北聯經書房更換。 ISBN 978-957-08-4945-5 (平裝)
聯經網址：www.linkingbooks.com.tw
電子信箱：linking@udngroup.com

國家圖書館出版品預行編目資料

下一波全球新貨幣：黃金/ James Rickards著．
吳國卿譯．初版．臺北市．聯經．2017年5月（民106年）．
216面．14.8×21公分（全球視野：75）
譯自：The new case for gold
ISBN 978-957-08-4945-5（平裝）

1.黃金 2.黃金投資

561.31 106006199